Les trois moments principaux

Nous tenons compte de la réforme de l'orthographe.

Reconnais les trois moments principaux.
Numérote les phrases dans l'ordre.

Le chien mangera dans un instant.	Le chien mange.	Le chien mangeait.
Noé cuit les brochettes.	Noé cuisait le brochettes.	Noé cuira les brochettes.
Papa chargera les valises.	Papa ouvre le coffre.	Maman a préparé les valises.

Les trois moments principaux

A. Trace une croix dans la colonne qui convient.

	passé	présent	futur
Le campeur installe sa tente.			
Le campeur installera sa tente.			
Le campeur installait sa tente.			
Le facteur distribuera le courrier.			
Le facteur a distribué le courrier.			
Le facteur distribue le courrier.			
J'ouvre une bouteille de lait.			
J'ai ouvert une bouteille de lait.			
J'ouvrirai une bouteille de lait.			

B. Relie ce qui va ensemble.

- Autrefois ☐
- En ce moment ☐
- Dans quelques jours ☐
- Plus tard ☐
- Le mois dernier ☐
- Demain ☐
- À présent ☐
- La semaine passée ☐
- L'été prochain ☐
- Hier ☐
- L'hiver dernier ☐
- Aujourd'hui ☐
- Dans un mois ☐

- ☐ passé
- ☐ présent
- ☐ futur

L'indicatif présent (verbes en -ER)

A. Relie à la terminaison qui convient.

Je	jou ☐	☐ e
Tu	jou ☐	
Il/Elle/On	jou ☐	☐ es
Nous	jou ☐	
Vous	jou ☐	☐ ez
Ils/Elles	jou ☐	
Amélie et moi	jou ☐	☐ ent
Julie et toi	jou ☐	
David et Charlotte	jou ☐	☐ ons

B. Relie ce qui va ensemble.

Je ☐	☐ trouve ☐ trouves	la solution.
Tu ☐	☐ trouve ☐ trouves	la solution.
Il ☐	☐ trouve ☐ trouvent	la solution.
Nous ☐	☐ trouvons ☐ trouvez	la solution.
Vous ☐	☐ trouvons ☐ trouvez	la solution.
Ils/elles ☐	☐ trouves ☐ trouvent	la solution.

L'indicatif présent (verbes en -ER)

C. Relie ce qui va ensemble.

Mon ami et moi	☐	☐ admire ☐ admires ☐ admirons	ce vieux château.
Le touriste	☐	☐ admire ☐ admires ☐ admirons	ce vieux château.
Les touristes	☐	☐ admire ☐ admires ☐ admirent	ce vieux château.
Elle et toi	☐	☐ admire ☐ admirent ☐ admirez	ce vieux château.
Delphine et son frère	☐	☐ admire ☐ admires ☐ admirent	ce vieux château.
Toi et moi	☐	☐ admire ☐ admirez ☐ admirons	ce vieux château.
Léa et Sarah	☐	☐ admires ☐ admirez ☐ admirent	ce vieux château.

L'indicatif présent (verbes en -ER)

D. Accorde correctement les verbes entre parenthèses à l'indicatif présent.

(aimer) Tu .... le chocolat.
Vous .... le chocolat.

(allumer) Elle .... le chauffage.
Nous .... le chauffage.

(arracher) J' .... les mauvaises herbes.
Jacques et toi .... les mauvaises herbes.

(bavarder) Papa .... avec le voisin.
Elles .... avec la voisin.

(blesser) Cette lumière .... la vue.
Ces lumières .... la vue.

(casser) Tu .... des noisettes.
Elles .... des noisettes.

(chasser) Je .... les mouches.
Ils .... les mouches.

(chercher) Sandrine .... son bic.
Luc et Rita .... leur bic.

(se coucher) Je .... de bonne heure.
Nous .... de bonne heure.

(couper) Papa .... la viande.
Vous .... la viande.

L'indicatif présent (verbes en -ER)

E. Accorde correctement les verbes entre parenthèses à l'indicatif présent.

(déchirer) Tu .... l'emballage.
Vous .... l'emballage.

(dessiner) Je .... un poisson.
Tu .... un poisson.

(donner) Le chêne .... des glands.
Les chênes .... des glands.

(éclairer) La lampe .... la chambre.
Des lampes .... la rue.

(entrer) Nous .... en classe.
Les élèves .... en classe.

(fermer) Je .... la fenêtre.
Lucas et Nathan .... les fenêtres.

(frapper) On .... à la porte.
Ils .... à la porte.

(se glisser) Le serpent .... entre les pierres.
Vous .... sous les couvertures.

(habiter) Mon oncle .... une maison près du lac.
Vous .... dans un appartement.

(inviter) Tu .... tes copains.
Nous .... nos copains.

L'indicatif présent (verbes en -ER)

F. Accorde correctement les verbes entre parenthèses à l'indicatif présent.

(jouer)	Tu .... aux cartes avec ta sœur. Vous .... dans le garage.
(laver)	Je .... les chaussures. Nous .... la salade.
(marcher)	Elle .... jusqu'à l'école. Ils .... tous les jours pendant une heure.
(monter)	Je .... au grenier. Clara .... l'escalier à toute allure.
(montrer)	Kevin .... son cahier au professeur. Léna et moi .... l'exemple.
(parler)	.... -tu plusieurs langues ? .... -vous plusieurs langues ?
(planter)	Le jardinier .... un pommier. Nous .... un pommier.
(pleurer)	Bébé .... dans son berceau. En voyant les clowns, nous .... de rire.
(emporter)	J' .... la marchandise achetée. Elles .... la marchandise achetée.
(poser)	Le plombier .... les robinets. Des oiseaux se .... sur la corniche.

L'indicatif présent (verbes en -ER)

G. Accorde correctement les verbes entre parenthèses à l'indicatif présent.

(pousser) Je .... une brouette.
Vous .... une charrette.

(préparer) Tu .... le repas.
Ils .... le repas.

(se promener) Tu .... dans le parc.
Vous .... dans le parc.

(raconter) Il .... ce qu'il a reçu.
Elles .... ce qu'elles ont reçu.

(ramasser) Tu .... les cahiers.
Vous .... les cahiers.

(regarder) Je .... les photos du livre de géographie.
Elles .... les photos du livre de géographie.

(rouler) Vinciane .... la feuille de papier.
David et Sarah .... la feuille de papier.

(sauter) Je .... au-dessus du mur.
Vous .... au-dessus du mur.

(sonner) La pendule .... toutes les heures.
Les pendules .... toutes les heures.

(tirer) Tu .... un cahier de ton cartable.
Vous .... un cahier de votre cartable.

L'indicatif présent (verbes en -ER)

H. Accorde correctement les verbes entre parenthèses à l'indicatif présent.

(tomber) Une forte pluie ....
En automne, les feuilles ....

(tourner) Tu .... la poignée de la porte.
Au carrefour, nous .... à gauche.

(tuer) Je .... un moustique.
Vous................................ les moustiques.

(attraper) Elle .... le ballon.
Nous .... le ballon.

(calculer) Je .... le prix des achats.
Vous .... le prix des achats.

(caresser) Aïcha .... son chien.
Nous .... son chien.

(coller) Tu .... des images.
Ils .... des images.

(désirer) Je .... un vélo plus grand.
Vous .... un vélo plus grand.

(deviner) Elle .... la réponse.
Ils .... les réponses.

(dévorer) Le chien .... un os.
Les lions................................ une antilope.

L'indicatif présent (verbes en -ER)

1. Accorde correctement les verbes entre parenthèses à l'indicatif présent.

(se disputer) Tu .... rarement.
Nous .... rarement.

(écraser) Elle .... une banane.
Nous .... les pommes de terre cuites.

(piquer) La fumée .... les yeux.
Des moustiques .... la peau.

(fêter) Tu .... l'anniversaire de maman.
Nous .... l'anniversaire de maman.

(gonfler) Le vent .... les voiles.
Vous .... la bouée.

(grelotter) Je .... car j'ai de la fièvre.
Ils .... car ils ont de la fièvre.

(parfumer) Je .... le rôti avec du romarin.
Vous .... le rôti avec du romarin.

(réciter) Quentin .... un poème.
Nous .... un poème.

(rêver) Elle .... de devenir danseuse.
Ils .... de devenir aviateur.

(se coiffer) Tu .... tous les matins.
Vous .... tous les matins.

L'indicatif présent (verbes en -ER)

1. Accorde correctement les verbes entre parenthèses à l'indicatif présent.

Comment imprimer avec des feuilles d'arbres.

a) Tu *(verser)* .... de la gouache dans une vieille assiette et tu y *(tremper)* .... une feuille d'arbre. Tu *(déposer)* .... cette feuille sur le papier ; tu la *(frotter)* .... doucement de la main et ensuite tu la *(retirer)* ....

b) Nous *(verser)* .... de la gouache dans une vieille assiette et nous y *(tremper)* .... une feuille d'arbre. Nous *(déposer)* .... cette feuille sur le papier ; nous la *(frotter)* .... doucement de la main et ensuite nous la *(retirer)* ....

c) Vous *(verser)* .... de la gouache dans une vieille assiette et vous y *(tremper)* .... une feuille d'arbre. Vous *(déposer)* .... cette feuille sur le papier ; vous la *(frotter)* .... doucement de la main et ensuite vous la *(retirer)* ....

d) Ils *(verser)* .... de la gouache dans une vieille assiette et ils y *(tremper)* .... une feuille d'arbre. Ils *(déposer)* .... cette feuille sur le papier ; ils la *(frotter)* .... doucement de la main et ensuite ils la *(retirer)* ....

L'indicatif imparfait (verbes en -ER)

A. Relie à la terminaison qui convient.

Je	jou☐	☐ ait
Tu	jou☐	
Il/Elle/On	jou☐	☐ ais
Nous	jou☐	
Vous	jou☐	☐ iez
Ils/Elles	jou☐	
John et moi	jou☐	☐ ions
Catherine et toi	jou☐	
René et Sophie	jou☐	☐ aient

B. Relie ce qui va ensemble.

Je	☐	☐ trouvais ☐ trouvait	la solution.
Tu	☐	☐ trouvais ☐ trouvaient	la solution.
Il	☐	☐ trouvais ☐ trouvait	la solution.
Nous	☐	☐ trouvions ☐ trouviez	la solution.
Vous	☐	☐ trouvions ☐ trouviez	la solution.
Ils/elles	☐	☐ trouvais ☐ trouvaient	la solution.

L'indicatif imparfait (verbes en -ER)

A. Relie ce qui va ensemble.

Mon ami et moi ☐	☐ admirait ☐ admirais ☐ admirions	ce vieux château.
Le touriste ☐	☐ admirait ☐ admirais ☐ admirions	ce vieux château.
Les touristes ☐	☐ admirait ☐ admirais ☐ admiraient	ce vieux château.
Elle et toi ☐	☐ admirait ☐ admiraient ☐ admiriez	ce vieux château.
Delphine et son frère ☐	☐ admirais ☐ admirait ☐ admiraient	ce vieux château.
Toi et moi ☐	☐ admirait ☐ admirions ☐ admiraient	ce vieux château.
Zoé et Sarah ☐	☐ admirais ☐ admirait ☐ admiraient	ce vieux château.

L'indicatif imparfait (verbes en -ER)

A. Accorde correctement les verbes entre parenthèses à l'indicatif imparfait.

(aimer)	Tu .... le chocolat.
(allumer)	Elle .... le chauffage.
(arracher)	Mathieu et toi .... les mauvaises herbes.
(bavarder)	Papa .... avec le voisin.
(blesser)	Ces lumières .... la vue.
(casser)	Je .... des noisettes.
(chasser)	Ils .... les mouches.
(chercher)	Joussef .... son bic.
(se coucher)	Nous .... de bonne heure.
(couper)	Papa .... la viande.
(déchirer)	Tu .... l'emballage.
(dessiner)	Je .... un poisson.
(donner)	Le chêne .... des glands.
(éclairer)	Des lampes .... la rue.
(entrer)	Nous .... en classe.
(fermer)	Lucas et Nathan .... les fenêtres.
(frapper)	On .... à la porte.
(se glisser)	Le serpent .... entre les pierres.
(habiter)	Vous .... dans un appartement.
(inviter)	Nous .... nos copains.
(jouer)	Tu .... aux cartes avec ta sœur.
(laver)	Je .... les chaussures.
(marcher)	Ils .... tous les jours pendant une heure.
(monter)	Clara .... l'escalier à toute allure.
(montrer)	Tu .... ton cahier au professeur.

L'indicatif imparfait (verbes en -ER)

A. Accorde correctement les verbes entre parenthèses à l'indicatif imparfait.

(parler)	.... -tu plusieurs langues ?
(planter)	Le jardinier .... un pommier.
(pleurer)	En voyant les clowns, nous .... de rire.
(emporter)	J' .... la marchandise achetée.
(poser)	Le plombier .... les robinets.
(pousser)	Je .... une brouette.
(préparer)	Tu .... le repas.
(se promener)	Vous .... dans le parc.
(raconter)	Il .... ce qu'il a reçu.
(ramasser)	Tu .... les cahiers.
(regarder)	Elles .... les photos du livre de géographie.
(rouler)	Vinciane .... la feuille de papier.
(sauter)	Je .... au-dessus du mur.
(sonner)	La pendule .... toutes les heures.
(tirer)	Tu .... un cahier de ton cartable.
(tomber)	Une forte pluie ....
(tourner)	Tu .... la poignée de la porte.
(tuer)	Je .... un moustique.
(attraper)	Elle .... le ballon.
(calculer)	Je .... le prix des achats.
(caresser)	Aïcha .... son chien.
(coller)	Ils .... des images.
(désirer)	Vous .... un vélo plus grand.
(deviner)	Ils .... les réponses.
(dévorer)	Le chien .... un os.

L'indicatif imparfait (verbes en -ER)

B. Accorde correctement les verbes entre parenthèses à l'indicatif imparfait.

(se disputer)	Tu .... rarement.
(écraser)	Elle .... une banane.
(piquer)	La fumée .... les yeux.
(fêter)	Nous .... l'anniversaire de maman.
(gonfler)	Le vent .... les voiles.
(grelotter)	Je .... car j'avais de la fièvre.
(parfumer)	Vous .... le rôti avec du romarin.
(réciter)	Wafa .... un poème.
(rêver)	Elle .... de devenir danseuse.
(se coiffer)	Vous .... tous les matins.

C. Accorde les verbes à l'indicatif imparfait.

a) Pour imprimer avec des feuilles d'arbres, tu *(verser)* .... de la gouache dans une vieille assiette et tu y *(tremper)* .... une feuille d'arbre. Tu *(déposer)* .... cette feuille sur le papier ; tu la *(frotter)* .... doucement de la main et ensuite tu la *(retirer)* ....

b) Pour imprimer avec des feuilles d'arbres, nous *(verser)* .... de la gouache dans une vieille assiette et nous y *(tremper)* .... une feuille d'arbre. Nous *(déposer)* .... cette feuille sur le papier ; nous la *(frotter)* .... doucement de la main et ensuite nous la *(retirer)* ....

L'indicatif futur simple (verbes en -ER)

A. Relie ce qui va ensemble.

Je ☐	☐ trouverai ☐ trouverez	la solution.
Tu ☐	☐ trouveras ☐ trouvera	la solution.
Elle ☐	☐ trouveras ☐ trouvera	la solution.
Nous ☐	☐ trouverons ☐ trouverez	la solution.
Vous ☐	☐ trouverons ☐ trouverez	la solution.
Ils/elles ☐	☐ trouverons ☐ trouveront	la solution.

B. Même exercice.

Mon ami et moi ☐	☐ admirerons ☐ admireront	ce vieux château.
Le touriste ☐	☐ admirera ☐ admireront	ce vieux château.
Elle et toi ☐	☐ admiraient ☐ admirerez	ce vieux château.
Delphine et son frère ☐	☐ admirerons ☐ admireront	ce vieux château.

L'indicatif futur simple (verbes en -ER)

A. Accorde correctement les verbes entre parenthèses à l'indicatif futur simple.

(aimer)	Tu .... le chocolat.
(allumer)	Elle .... le chauffage.
(arracher)	Tom et toi .... les mauvaises herbes.
(bavarder)	Papa .... avec le voisin.
(blesser)	Ces lumières .... la vue.
(casser)	Je .... des noisettes.
(chasser)	Ils .... les mouches.
(chercher)	Joussef .... son bic.
(se coucher)	Nous .... de bonne heure.
(couper)	Papa .... la viande.
(déchirer)	Tu .... l'emballage.
(dessiner)	Je .... un poisson.
(donner)	Le chêne .... des glands.
(éclairer)	Des lampes .... la rue.
(entrer)	Nous .... en classe.
(fermer)	Lucas et Nathan .... les fenêtres.
(frapper)	On .... à la porte.
(se glisser)	Le serpent .... entre les pierres.
(habiter)	Vous .... dans un appartement.
(inviter)	Nous .... nos copains.
(jouer)	Tu .... aux cartes avec ta sœur.
(laver)	Je .... les chaussures.
(marcher)	Ils .... tous les jours pendant une heure.
(monter)	Clara .... l'escalier à toute allure.
(montrer)	Tu .... ton cahier au professeur.

L'indicatif futur simple (verbes en -ER)

D. Accorde correctement les verbes entre parenthèses à l'indicatif futur simple.

(parler)	.... -tu plusieurs langues ?
(planter)	Le jardinier .... un pommier.
(pleurer)	En voyant les clowns, nous .... de rire.
(emporter)	J' .... la marchandise achetée.
(poser)	Le plombier .... les robinets.
(pousser)	Je .... une brouette.
(préparer)	Tu .... le repas.
(se promener)	Vous .... dans le parc.
(raconter)	Il .... ce qu'il a reçu.
(ramasser)	Tu .... les cahiers.
(regarder)	Elles .... les photos du livre de géographie.
(rouler)	Vinciane .... la feuille de papier.
(sauter)	Je .... au-dessus du mur.
(sonner)	La pendule .... toutes les heures.
(tirer)	Tu .... un cahier de ton cartable.
(tomber)	Une forte pluie ....
(tourner)	Tu .... la poignée de la porte.
(tuer)	Je .... un moustique.
(attraper)	Elle .... le ballon.
(calculer)	Je .... le prix des achats.
(caresser)	Zoé .... son chien.
(coller)	Ils .... des images.
(désirer)	Vous .... un vélo plus grand.
(deviner)	Ils .... les réponses.
(dévorer)	Le chien .... un os.

L'indicatif futur simple (verbes en -ER)

E. Accorde correctement les verbes entre parenthèses à l'indicatif futur simple.

(se disputer)	Tu .... rarement.
(écraser)	Elle .... une banane.
(piquer)	La fumée .... les yeux.
(fêter)	Nous .... l'anniversaire de maman.
(gonfler)	Le vent .... les voiles.
(grelotter)	Je .... car j'aurai froid.
(parfumer)	Vous .... le rôti avec du romarin.
(réciter)	Wafa .... un poème.
(rêver)	Elles .... de devenir danseuse.
(se coiffer)	Vous .... tous les matins.

F. Accorde les verbes à l'indicatif futur simple.

a) Pour imprimer avec des feuilles d'arbres, tu *(verser)* .... de la gouache dans une vieille assiette et tu y *(tremper)* .... une feuille d'arbre. Tu *(déposer)* .... cette feuille sur le papier ; tu la *(frotter)* .... doucement de la main et ensuite tu la *(retirer)* ....

b) Pour imprimer avec des feuilles d'arbres, nous *(verser)* .... de la gouache dans une vieille assiette et nous y *(tremper)* .... une feuille d'arbre. Nous *(déposer)* .... cette feuille sur le papier ; nous la *(frotter)* .... doucement de la main et ensuite nous la *(retirer)* ....

AVOIR à l'indicatif présent

A. Relie ce qui va ensemble.

J' ☐	☐ a des bottines fourrées.
Tu ☐	
Il/Elle ☐	☐ ai des bottines fourrées.
Nous ☐	
Vous ☐	☐ as des bottines fourrées.
Ils/Elles ☐	
Elle et moi ☐	☐ ont des bottines fourrées.
Jacques et toi ☐	
On ☐	☐ avons des bottines fourrées.
Toi et moi ☐	
Lui et toi ☐	☐ avez des bottines fourrées.

B. Complète.

Tu .... dix ans aujourd'hui.

Vous .... dix ans aujourd'hui.

Nous .... dix ans aujourd'hui.

J' .... dix ans aujourd'hui.

Elle .... dix ans aujourd'hui.

Ils .... dix ans aujourd'hui.

Toi et moi .... dix ans aujourd'hui.

Luc et Léa .... dix ans aujourd'hui.

Pierre et toi .... dix ans aujourd'hui.

ÊTRE à l'indicatif présent

A. Relie ce qui va ensemble.

Je (Lucas)	☐	☐	es courageux.
Je (Manon)	☐	☐	est courageux.
Tu (Bernard)	☐	☐	suis courageuse.
Il	☐	☐	suis courageux.
Elle	☐	☐	sommes courageux.
Nous (Lucas et Tom)	☐	☐	est courageuse.
Vous (Mathieu et Clara)	☐	☐	sont courageuses.
Ils	☐	☐	êtes courageux.
Elles	☐	☐	sont courageux.

B. Accorde «être gentil».

Elle ....

Tu (Lisa) ....

Elles ....

Nous (André et Issam) ....

Vous (Clara et Nicole) ....

Ils ....

Je (Matéo) ....

Il ....

Je (Isabelle) ....

Tu (Abdel) ....

Nous (Thomas et Ingrid) ....

Vous (Julie et Romain) ....

Claire et Jeanne ....

L'indicatif passé composé (verbes en -ER)

A. Relie ce qui va ensemble.

J' ☐	
Tu ☐	☐ a admiré le paysage.
Il ☐	☐ as admiré le paysage.
Elle ☐	☐ ai admiré le paysage.
Nous ☐	☐ avez admiré le paysage.
Vous ☐	☐ avons admiré le paysage.
Ils ☐	☐ ont admiré le paysage.
Elles ☐	

B. Relie ce qui va ensemble.

Je (Marie) ☐	☐ es tombé.
Je (Pierre) ☐	☐ es tombée.
Tu (Joris) ☐	☐ suis tombée.
Tu (Daphné) ☐	☐ suis tombé.
Il ☐	☐ sommes tombés.
Elle ☐	☐ sommes tombées.
Nous (3 garçons) ☐	☐ est tombé.
Nous (des filles) ☐	☐ est tombée.
Vous (Leila et Lena) ☐	☐ sont tombés.
Vous (Georges et Francis) ☐	☐ sont tombées.
René et Kevin ☐	☐ êtes tombés.
Nicolas et Kelly ☐	☐ êtes tombées.
Manon et Léa ☐	

L'indicatif passé composé (verbes en -ER)

A. Accorde les verbes entre parenthèses à l'indicatif passé composé.

(aimer)	J' .... cette histoire.
(allumer)	Tu .... le chauffage.
(arracher)	Paul et toi .... les mauvaises herbes.
(bavarder)	Nous .... avec le voisin.
(blesser)	Ces lumières .... la vue.
(casser)	Vous .... des noisettes.
(chasser)	Elle .... les mouches.
(chercher)	Sandrine .... son bic.
(se coucher)	Il .... de bonne heure.
	Elle .... de bonne heure.
	Ils .... de bonne heure.
	Elles .... de bonne heure.
(couper)	Vous .... la viande.
(déchirer)	Tu .... l'emballage.
(dessiner)	Vous .... un poisson.
(donner)	Le chêne .... des glands.
(éclairer)	Des lampes .... la rue.
(entrer)	Il .... en classe.
	Elle .... en classe.
	Elles .... en classe.
	J' .... la clef dans la serrure.
	Elle .... la clef dans la serrure.
	Ils .... la clef dans la serrure.
(fermer)	Lucas et Nathan .... les fenêtres.
(frapper)	On .... à la porte.

L'indicatif passé composé (verbes en -ER)

C. Accorde les verbes entre parenthèses à l'indicatif passé composé.

(se glisser) Le serpent .... entre les pierres.
Les serpents .... entre les pierres.

La truite .... entre les pierres.
Les truites .... entre les pierres.
(glisser) Il .... sur le verglas.
(habiter) Tu .... dans un appartement.
(inviter) Nous .... nos copains.
(jouer) Tu .... aux cartes avec ta sœur.
(laver) J' .... les chaussures.
(marcher) Ils .... tous les jours pendant une heure.
(monter) Clara .... dans sa chambre.
René .... dans sa chambre.

Ils .... dans leur chambre.
Elles .... dans leur chambre.
Il .... une maquette d'avion.
(montrer) Tu ....ton cahier au professeur.
(parler) .... -tu .... plusieurs langues ?
(planter) Le jardinier .... un pommier.
(pleurer) En voyant les clowns, nous .... de rire.
(emporter) J' .... la marchandise achetée.
(poser) Le plombier .... les robinets.
(pousser) Tu .... une brouette.
(préparer) J' .... le repas.
(se promener) Elle .... dans le parc.
Ils .... dans le parc.

L'indicatif passé composé (verbes en -ER)

D. Accorde les verbes entre parenthèses à l'indicatif passé composé.

(raconter) Il .... ce qu'il a reçu.
(ramasser) Tu .... les cahiers.
(regarder) Elle .... les photos du livre de géographie.
(rouler) Vinciane .... la feuille de papier.
(sauter) J' .... au-dessus du mur.
(sonner) La pendule .... toutes les heures.
(tirer) Tu .... un cahier de ton cartable.
(tomber) Une forte pluie ....
Des grêlons ....
(tourner) Tu .... la poignée de la porte.
(tuer) J' .... un moustique.
(attraper) Elle .... le ballon.
(calculer) J' .... le prix des achats.
(caresser) Aïcha .... son chien.
(coller) Ils .... des images.
(désirer) Vous .... un vélo plus grand.
(deviner) Ils .... les réponses.
(dévorer) Le chien .... un os.
(se disputer) Il .... avec son ami.
Elle .... avec son voisin.

Ils .... la première place.
Elles .... la première place.
(écraser) Elle .... une banane.
(piquer) La fumée .... les yeux.
(fêter) Nous .... l'anniversaire de maman.

L'indicatif passé composé (verbes en -ER)

E. Accorde les verbes entre parenthèses à l'indicatif passé composé.

(gonfler)	Le vent .... les voiles.
(grelotter)	J' .... car j'avais de la fièvre.
(parfumer)	Vous .... le rôti avec du romarin.
(réciter)	Chloé .... un poème.
(rêver)	Elle .... de devenir danseuse.
(se coiffer)	Il .... tous les matins.
	Elle .... tous les matins.
	Ils .... tous les matins.
	Elles .... tous les matins.

F. Accorde les verbes à l'indicatif passé composé.

a) Pour imprimer avec des feuilles d'arbres, tu *(verser)* .... de la gouache dans une vieille assiette et tu y *(tremper)* .... une feuille d'arbre. Tu *(déposer)* .... cette feuille sur le papier ; tu *(frotter)* .... la feuille doucement de la main et ensuite tu *(retirer)* .... la feuille.

b) Pour imprimer avec des feuilles d'arbres, nous *(verser)* .... de la gouache dans une vieille assiette et nous y *(tremper)* .... une feuille d'arbre. Nous *(déposer)* .... cette feuille sur le papier ; nous *(frotter)* .... la feuille doucement de la main et ensuite nous *(retirer)* .... la feuille.

L'impératif présent (verbes en -ER)

A. Accorde correctement les verbes entre parenthèses à l'impératif présent.

Tu parles à quelqu'un...(Exemple : Poste cette lettre.)

(aimer) .... le chocolat.
(allumer) .... le chauffage.
(arracher) .... les mauvaises herbes.
(bavarder) .... avec le voisin.
(blesser) Ne .... personne.
(casser) .... des noisettes.

(chasser) .... les mouches.
(chercher) .... ton bic.
(se coucher) .... de bonne heure.
(couper) .... la viande.
(déchirer) .... l'emballage.
(dessiner) .... un poisson.
(donner) .... un os au chien.
(éclairer) .... la chambre.

(entrer) .... en classe.
(fermer) .... les fenêtres.
(frapper) .... à la porte.
(se glisser) .... sous le lit.
(inviter) .... tes copains.
(jouer) .... aux cartes avec ta sœur.
(laver) .... les chaussures.
(marcher) .... tous les jours pendant une heure.
(monter) .... l'escalier à toute allure.
(montrer) .... ton cahier au professeur.

L'impératif présent (verbes en -ER)

A. Accorde correctement les verbes entre parenthèses à l'impératif présent.

Tu parles de toi et d'autres personnes. (Exemple : Postons la lettre.)

(parler) .... poliment.

(planter) .... un pommier.

(pleurer) .... de rire.

(emporter) .... la marchandise achetée.

(poser) .... les achats dans le coffre.

(pousser) .... la brouette.

(préparer) .... le repas.

(se promener) .... dans le parc.

(raconter) .... ce que nous avons reçu.

(ramasser) .... les cahiers.

(regarder) .... les photos du livre de géographie.

(rouler) .... la feuille de papier.

(sauter) .... au-dessus du mur.

(sonner) .... à la porte.

(tirer) .... le cahier de notre cartable.

(tomber) Ne .... pas dans le lac.

(tourner) .... la poignée de la porte.

(tuer) .... les moustiques.

(attraper) .... le ballon.

(calculer) .... le prix des achats.

(caresser) .... son chien.

(coller) .... des images.

(désirer) .... un vélo plus grand.

(deviner) .... les réponses.

L'impératif présent (verbes en -ER)

B. Accorde correctement les verbes entre parenthèses à l'impératif présent.

Tu parles à d'autres personnes. (Exemple : Postez la lettre.)

(se disputer) Ne .... pas.
(écraser) .... une banane.
(fêter) .... l'anniversaire de maman.
(gonfler) .... la bouée.
(parfumer) .... le rôti avec du romarin.
(réciter) .... un poème.
(rêver) .... de choses agréables.
(se coiffer) .... tous les matins.

C. Accorde les verbes à l'impératif présent.

a) Tu t'adresses à quelqu'un...
Pour imprimer avec des feuilles d'arbres, *(verser)* .... de la gouache dans une vieille assiette. *(tremper)* .... une feuille d'arbre dans la couleur. *(déposer)* .... cette feuille sur le papier ; *(frotter)* .... -la doucement de la main et ensuite *(retirer)* .... -la.

b) Tu t'adresses à plusieurs personnes.
Pour imprimer avec des feuilles d'arbres, *(verser)* .... de la gouache dans une vieille assiette. *(tremper)* ....une feuille d'arbre dans la couleur. *(déposer)* .... cette feuille sur le papier ; *(frotter)* .... -la doucement de la main et ensuite *(retirer)* .... -la.

L'indicatif passé simple (verbes en -ER)

A. Relie ce qui va ensemble.

Il / Elle / On ☐		☐ alluma le chauffage.
Ils / Elles ☐		☐ allumèrent le chauffage.
		☐ arrachèrent les mauvaises herbes.
		☐ arracha les mauvaises herbes.
		☐ bavarda.
		☐ bavardèrent.
		☐ ne blessa personne.
		☐ ne blessèrent personne.
		☐ cassèrent des noisettes.
		☐ cassa des noisettes.

B. Accorde les verbes entre parenthèse au passé simple.

(chasser)	Ils .... les mouches.
(chercher)	Marie .... son bic.
(se coucher)	On .... de bonne heure.
(couper)	Papa .... la viande.
(déchirer)	Les enfants .... l'emballage.
(dessiner)	Elle .... un poisson.
(donner)	Le chêne .... des glands.
(éclairer)	Des lampes .... la rue.
(entrer)	Ils .... en classe.
(fermer)	Lucas et Nathan .... les fenêtres.
(frapper)	On .... à la porte.
(se glisser)	Le serpent .... entre les pierres.
(habiter)	Ils .... dans un appartement.

L'indicatif passé simple (verbes en -ER)

C. Accorde les verbes entre parenthèses à l'indicatif passé simple.

(inviter)	Jacques et son frère .... leurs copains.
(jouer)	Il .... aux cartes avec sa sœur.
(laver)	Elles .... les chaussures.
(marcher)	Ils .... tous les jours pendant une heure.
(monter)	Clara .... l'escalier à toute allure.
(montrer)	Salek .... son cahier au professeur.
(planter)	Le jardinier .... un pommier.
(pleurer)	En voyant les clowns, ils .... de rire.
(emporter)	Il .... la marchandise achetée.
(poser)	Le plombier .... les robinets.
(pousser)	Il .... une brouette.
(préparer)	Ils .... le repas.
(se promener)	De nombreuses personnes .... dans le parc.
(raconter)	Il .... ce qu'il a reçu.
(ramasser)	Il .... les cahiers.
(regarder)	Elles .... les photos du livre de géographie.
(rouler)	Vinciane .... la feuille de papier.
(sauter)	Elles .... au-dessus du mur.
(sonner)	La pendule .... toutes les heures.
(tirer)	On .... un cahier de ton cartable.
(tomber)	Une forte pluie ....
(tourner)	Ils .... la poignée de la porte.
(tuer)	Il .... un moustique.
(attraper)	Elle .... le ballon.
(calculer)	Ils .... le prix des achats.

L'indicatif passé simple (verbes en -ER)

D. Accorde les verbes entre parenthèses à l'indicatif passé simple.

(caresser) Thibaut .... son chien.
(coller) Ils .... des images.
(désirer) Il .... un vélo plus grand.
(deviner) Ils .... les réponses.
(dévorer) Le chien .... un os.

(écraser) Elle .... une banane.
(piquer) La fumée .... les yeux.
(fêter) Ils .... l'anniversaire de maman.
(gonfler) Le vent .... les voiles.
(grelotter) Il .... car il avait de la fièvre.
(parfumer) Ils .... le rôti avec du romarin.
(réciter) Sophie .... un poème.
(se coiffer) Ils .... tous les matins.

E. Accorde les verbes à l'indicatif passé simple.

a) Pour imprimer avec des feuilles d'arbres, il *(verser)* .... de la gouache dans une vieille assiette et il y *(tremper)* .... une feuille d'arbre. Il *(déposer)* .... cette feuille sur le papier ; il la *(frotter)* .... doucement de la main et ensuite il la *(retirer)* ....

b) Pour imprimer avec des feuilles d'arbres, elles *(verser)* .... de la gouache dans une vieille assiette et elles y *(tremper)* .... une feuille d'arbre. Elles *(déposer)* .... cette feuille sur le papier ; elles la *(frotter)* .... doucement de la main et ensuite elles la *(retirer)* ....

L'indicatif conditionnel présent (verbes en -ER)

A. Relie ce qui va ensemble.

Si mon vélo était sale, je ☐		☐ le laverait.
Si ton vélo était sale, tu ☐		☐ le laverais.
Si son vélo était sale, il ☐		☐ le laverions.
Si le vélo était sale, nous ☐		☐ le laveriez.
Si le vélo était sale, vous ☐		☐ le laveraient.
Si le vélo était sale, elles ☐		

B. OBSERVE :

Ind. futur simple	Ind. imparfait	Ind. conditionnel présent
je chan**ter**ai	je chant**ais**	je chan**terais**
tu chan**ter**as	tu chant**ais**	tu chan**terais**
il chan**ter**a	il chant**ait**	il chan**terait**
nous chan**ter**ons	nous chant**ions**	nous chan**terions**
vous chan**ter**ez	vous chant**iez**	vous chan**teriez**
Ils chan**ter**ont	ils chant**aient**	ils chan**teraient**

LE CONDITIONNEL SE FAIT AVEC LE FUTUR SIMPLE ET LES TERMINAISONS DE L'IMPARFAIT.

C. Relie ce qui va ensemble.

Si tu le rencontrais, tu ☐		☐ le saluerait.
Si vous le rencontriez, vous ☐		☐ le saluerais.
S'ils le rencontraient, ils ☐		☐ le saluerions.
Si je le rencontrais, je ☐		☐ le salueriez.
Si nous le rencontrions, nous ☐		☐ le salueraient.
Si elle le rencontrait, elle ☐		

L'indicatif conditionnel présent (verbes en -ER)

D. Accorde le verbe entre parenthèses à l'indicatif conditionnel présent.

Si tu le voyais, tu *(admirer)* .... ce vieux château.

S'il le goûtait, il *(aimer)* .... ce chocolat.

Si j'avais froid, j' *(allumer)* .... le chauffage.

Si papa le demandait, vous *(arracher)* .... les mauvaises herbes.

Si tu le rencontrais, tu *(bavarder)* .... avec le voisin.

S'ils en avaient, ils *(casser)* .... des noisettes.

Si nous avions une tapette, nous *(chasser)* .... les mouches.

S'il avait perdu son bic, André le *(chercher)* ....

S'il le fallait, nous *(se lever)* .... de bonne heure.

Si mon frère le demandait, je *(dessiner)* .... un poisson.

S'il était plus vieux, le chêne *(donner)* .... des glands.

S'il faisait nuit, des lampes *(éclairer)* .... la rue.

Si nous étions à l'école, nous *(entrer)* .... en classe.

S'il y avait du vent, Lucas et Nathan *(fermer)* .... les fenêtres.

Si nous devions entrer, nous *(frapper)* .... à la porte.

S'il se sentait en danger, le serpent *(se glisser)* .... entre les pierres.

Si nous étions en ville, nous *(habiter)* .... un appartement.

Si j'avais mon anniversaire, j' *(inviter)* .... mes copains.

Si tu t'ennuyais, tu *(jouer)* .... aux cartes avec ton frère.

Si elles étaient sales, nous *(laver)* .... les chaussures.

Si bébé pleurait, maman *(monter)* .... l'escalier à toute allure.

L'indicatif conditionnel présent (verbes en -ER)

E. Accorde les verbes entre parenthèses à l'indicatif conditionnel présent.

Si ton travail était terminé, tu *(montrer)* .... ton cahier au professeur.

Si nous étions interprètes, nous *(parler)* ....plusieurs langues.

Si c'était la fin de l'hiver, le jardinier *(planter)* ....des arbres.

Si vous voyiez ces clowns, vous *(pleurer)* .... de rire.

Si nous avions faim, nous *(préparer)* .... le repas.

S'il faisait beau, nous *(se promener)* .... dans le parc.

Si je connaissais la fin de l'histoire, je vous la *(raconter)* ....

Si tout le monde avait terminé, il *(ramasser)* ....les cahiers.

S'ils avaient un atlas, ils *(regarder)* .... les cartes de géographie.

Si elle n'était pas cassée, la pendule *(sonner)* ....toutes les heures.

Si vous alliez à la foire, vous *(tirer)* .... à la carabine.

S'ils en voyaient, ils *(tuer)* .... les moustiques.

Si tu lançais le ballon, je l' (attraper) ....

Si vous aviez fait des courses, vous *(calculer)* ....le prix de vos achats.

Si Sarah avait un chien, elle le *(caresser)* ....

Si nous avions l'album, nous *(coller)* .... les images.

Si j'étais plus grand, je *(désirer)* .... un autre vélo.

S'il ne connaissait pas la réponse, il la *(deviner)* ....

Si nous donnions un os au chien, il le *(dévorer)* ....

L'indicatif conditionnel présent (verbes en -ER)

F. Accorde les verbes entre parenthèses à l'indicatif conditionnel présent.

Si j'avais un frère, je *(se disputer)* .... rarement.
Si je devais faire de la panade, j'*(écraser)* .... une banane.
S'il y avait un incendie, la fumée *(piquer)* ....les yeux.
S'il y avait du vent, il *(gonfler)* .... les voiles.
S'ils avaient de la fièvre, ils *(grelotter)* ....
Si nous cuisinions, nous *(parfumer)* .... la viande avec du romarin.
Si on le lui demandait, Sophie *(réciter)* .... un poème.
Si j'étais en montagne, je *(marcher)* .... une heure.

G. Accorde les verbes à l'indicatif conditionnel présent.

a) Si tu voulais imprimer avec des feuilles d'arbres, tu *(verser)* .... de la gouache dans une vieille assiette et tu y *(tremper)* .... une feuille d'arbre. Tu *(déposer)* .... cette feuille sur le papier ; tu la *(frotter)* .... doucement de la main et ensuite tu la *(retirer)* ....

b) Si vous vouliez imprimer avec des feuilles d'arbres, vous *(verser)* .... de la gouache dans une vieille assiette et vous y *(tremper)* .... une feuille d'arbre. Vous *(déposer)* .... cette feuille sur le papier ; vous la *(frotter)* .... doucement de la main et ensuite vous la *(retirer)* ....

Verbes particuliers en -ER

1. Verbes en -GER (manger, bouger, voyager...)

OBSERVE :

je mange ; elle mangera ; nous mangions
nous man**ge**ons ; je man**ge**ais ; elle man**ge**a

Accorde les verbes entre parenthèses aux temps indiqués.

(ranger - ind. prés.)	Tu .... tes jouets.
	Nous .... nos jouets.
- ind. imparf.)	Hier, elle .... ses jouets.
	Hier, vous .... vos jouets.
- ind. pas. s.)	Avant de partir; il .... ses jouets.
	Avant de partir, ils .... leurs jouets.
(corriger - ind. prés.)	Pierre .... la dictée.
	Nous .... la dictée.
- ind. imparf.)	Je .... la dictée.
	Nous .... la dictée.
- ind. pas. s.)	Il .... la dictée.
	Les élèves .... la dictée.

2. Verbes en -CER (lancer, commencer, avancer...)

OBSERVE :

je lance ; elle lancera ; vous lanciez
nous lan**ç**ons ; elles lan**ç**aient ; elle lan**ç**a

Accorde les verbes entre parenthèses aux temps indiqués.

(avancer - ind. prés.)	J' .... prudemment.
	Nous .... prudemment.
- ind. imparf.)	Hier, elle .... prudemment.
	Hier, nous .... prudemment.
- ind. pas. s.)	Il .... prudemment.
	Elles .... prudemment.

3. Verbes en -E..ER (acheter ; peler ; se lever ; mener..)

OBSERVE :

nous pelons - elle pela
tu pèles - je pèlerai - elles pelèrent

Accorde les verbes entre parenthèses aux temps indiqués.

(acheter -ind. prés.)	Elle .... des oranges.
	Vous .... des oranges.
ind. imparf.)	Nous .... des oranges.
ind. pas. comp.)	Vous .... des oranges.
ind. fut. s.)	J' .... des oranges.
ind. pas. s.)	Il .... des oranges.
	Ils .... des oranges.

(peser - ind. prés.)	Elle .... les fruits récoltés.
	Nous .... les fruits récoltés.
ind. imparf)	Le fermier .... les fruits récoltés.
ind. fut. s.)	Nous .... les fruits récoltés.
ind. pas. comp.)	Vous .... les fruits récoltés.
ind. pas. s.)	Il .... les fruits récoltés.
	Ils .... les fruits récoltés.

(achever - ind. prés.)	Elle .... le dessin.
	Nous .... le dessin.
ind. imparf)	Elle .... le dessin.
ind. fut. s.)	Vous .... le dessin.
ind. pas. comp.)	Tu .... le dessin.
ind. pas. s.)	Il .... le dessin.
	Ils .... le dessin.

4. Les verbes APPELER et JETER

OBSERVE :

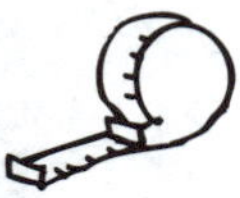

j'appe**ll**e ; elle appe**ll**era ; je je**tt**e ; elle je**tt**era	nous appe**l**ons ; elle a appe**l**é vous je**t**ez ; nous avons je**t**é ; il je**t**a

Accorde les verbes entre parenthèses aux temps indiqués.

(appeler - ind. prés.) Tu .... le médecin.

Elle .... le médecin.

Vous .... le médecin.

ind. imparf.) Tu .... le médecin.

Vous .... le médecin.

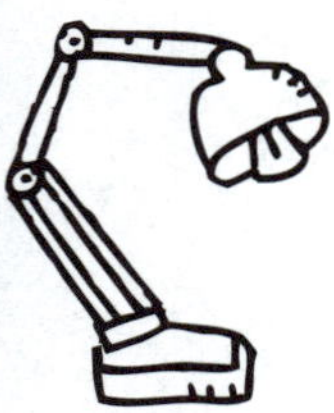

ind. fut. s.) J' .... le médecin.

Nous .... le médecin.

pas. comp.) Ils .... le médecin.

ind. pas. s.) Il .... le médecin.

Ils .... le médecin.

(jeter - ind. prés.) Je .... les os dans la poubelle.

Nous .... les os dans la poubelle.

Elles .... les os dans la poubelle.

ind. imparf.) Tu .... les os dans la poubelle.

Vous .... les os dans la poubelle.

ind. fut. s.) Il .... les os dans la poubelle.

Vous .... les os dans la poubelle.

ind. pas. comp.) Nous .... les os dans la poubelle.

ind. pas. s.) Il .... les os dans la poubelle.

Ils .... les os dans la poubelle.

5. Les verbes en -ier, - ...iller (crier, habiller, travailler...)

OBSERVE :

Ind. prés. : nous crions, vous travaillez	Ind. imparf. : nous criions, vous travailliez

Accorde les verbes entre parenthèses aux temps indiqués.

(étudier -	ind. prés.)	Nous .... la leçon.
		Vous .... la leçon.
	ind. imparf.)	Nous .... la leçon.
		Vous .... la leçon.
	ind. fut. s.)	Nous .... la leçon.
	pas. comp.)	Nous .... la leçon.
	ind. pas. s.)	Il .... la leçon.

(réveiller -	ind. prés.)	Nous .... le chat.
		Vous .... le chat.
	ind. imparf.)	Nous .... le chat.
		Vous .... le chat.
	ind. fut. s.)	Elle .... le chat.
	ind. pas. s.)	Il .... le chat.

(trier -	ind. prés.)	Nous .... les déchets.
		Vous .... les déchets.
	ind. imparf.)	Nous .... les déchets.
		Vous .... les déchets.
		Elles .... les déchets.
	ind. fut. s.)	Je .... les déchets.
	ind. pas. s.)	Elles .... les déchets.

Les verbes comme FINIR

A. Relie ce qui va ensemble.

		☐	finis le travail.
Je	☐	☐	finit le travail.
Tu	☐	☐	finissent le travail.
Il/Elle	☐	☐	avez fini le travail.
Nous	☐	☐	finissait le travail.
Vous	☐	☐	finissions le travail.
Ils/Elles	☐	☐	finira le travail.
		☐	finirent le travail.

B. Accorde les verbes entre parenthèses aux temps indiqués.

(choisir - ind. prés.) Je .... un livre.
Vous .... un livre.
ind. imparf.) Elle .... un livre.
ind. fut. s.) Je .... un livre.

ind. cond. prés.) Il .... un livre.
pas. comp.) Tu .... un livre.
ind. pas. s.) Il .... un livre.
Elles .... un livre.

(remplir - ind. prés.) Tu .... le seau.
Elles .... le seau.
ind. imparf.) Je .... le seau.
ind. fut. s.) Nous .... le seau.

ind. cond. prés.) Il .... le seau.
pas. comp.) Tu .... le seau.
ind. pas. s.) Il .... le seau.

Le verbe ALLER

A. Relie ce qui va ensemble.

	☐ irai promener.
J' ☐	☐ alla promener.
Tu ☐	☐ vont promener.
Elle ☐	☐ vas promener.
Nous ☐	☐ allez promener.
Vous ☐	☐ allions promener.
Elles ☐	☐ allèrent promener.
	☐ iront promener.

B. Accorde le verbe ALLER aux temps indiqués.

ind. prés. :
Je .... chez un ami.
Elle .... chez une amie.
Nous .... chez un ami.
Ils .... chez un ami.

ind. imparf. :
J'.. chez un ami.
Vous .... chez un ami.

ind. fut. s. :
Tu .... chez un ami.
Elles .... chez un ami.

ind. cond. prés. :
Elle .... chez un ami.
Vous .... chez un ami.

ind. pas. comp. :
Je .... chez un ami.
Elle .... chez un ami.
Ils .... chez un ami.

ind. pas. s. :
Il .... chez un ami.
Elles .... chez une amie.

Le verbe FAIRE

A. Relie ce qui va ensemble.

- Je ☐
- Tu ☐
- Elle ☐
- Nous ☐
- Vous ☐
- Elles ☐

- ☐ fait un château de sable.
- ☐ faisions un château de sable.
- ☐ faites un château de sable.
- ☐ font un château de sable.
- ☐ ferai un château de sable.
- ☐ fit un château de sable.
- ☐ as fait un château de sable.
- ☐ firent un château de sable.

B. Accorde le verbe FAIRE aux temps indiqués.

ind. prés. : Je .... du cacao.
Nous .... du cacao.
Vous .... du cacao.
Ils .... du cacao.

ind. imparf. : Tu .... du cacao.
Vous .... du cacao.

ind. fut. s. : Il .... du cacao.
Vous .... du cacao.

ind. cond. prés. : Nous .... du cacao.
Elles .... du cacao.

ind. pas. comp. : Elle .... du cacao.
Vous .... du cacao.

ind. pas. s. : Il .... du cacao.
Elles.. du cacao.

Le verbe BOIRE

A. Relie ce qui va ensemble.

Je	☐	☐	buvais du thé.
Tu	☐	☐	boit du thé.
Elle	☐	☐	buvons du thé.
Nous	☐	☐	but du thé.
Vous	☐	☐	boivent du thé.
Elles	☐	☐	boirez du thé.

B. Accorde le verbe BOIRE aux temps indiqués.

ind. prés. : Tu .... un jus de fruits.

Vous .... un jus de fruits.

Elles .... un jus de fruits.

ind. imparf. : Je .... un jus de fruits.

ind. fut. s. : Nadine .... un jus de fruits.

ind. cond. prés. : Vous .... un jus de fruits.

ind. pas. comp. : Tu .... un jus de fruits.

ind. pas. s. : Il .... un jus de fruits.

Ils .... un jus de fruits.

Le verbe COURIR

A. Relie ce qui va ensemble.

Je ☐	☐ courra dans le bois.
Tu ☐	☐ coururent dans le bois.
Elle ☐	☐ courais dans le bois.
Nous ☐	☐ courrons dans le bois.
Vous ☐	☐ courons dans le bois.
Elles ☐	☐ avez couru dans le bois.

B. Accorde le verbe COURIR aux temps indiqués.

ind. prés. : Je ne .... pas dans le corridor.

Vous ne .... pas dans le corridor.

Ils ne .... pas dans le corridor.

ind. imparf. : Nous ne .... pas dans le corridor.

ind. fut. s. : Vous ne .... pas dans le corridor.

ind. cond. prés. : Nous ne .... pas dans le corridor.

ind. pas. comp. : Tu n' .... pas .... dans le corridor.

ind. pas. s. : Il ne .... pas dans le corridor.

Ils ne .... pas dans le corridor.

Les verbes SENTIR, SORTIR, PARTIR

A. Relie ce qui va ensemble.

Je ☐		☐ partions en train.
Tu ☐		☐ partirai en train.
Elle ☐		☐ pars en train.
Nous ☐		☐ partez en train.
Vous ☐		☐ partirent en train
Elles ☐		☐ est partie en train.

B. Accorde le verbe SENTIR aux temps indiqués.

ind. prés. :	Je .... le parfum du lilas.
	Nous .... le parfum du lilas.
ind. imparf. :	Tu .... le parfum du lilas.
ind. fut. s. :	Elle .... le parfum du lilas.
ind. cond. prés. :	Vous .... le parfum du lilas.
ind. pas. comp. :	Nous .... le parfum du lilas.
ind. pas. s. :	Ils .... le parfum du lilas.

Le verbe DORMIR

A. Relie ce qui va ensemble.

Je ☐	☐ dormions la fenêtre ouverte.
Tu ☐	☐ dormirai la fenêtre ouverte.
Elle ☐	☐ as dormi la fenêtre ouverte.
Nous ☐	☐ dormit la fenêtre ouverte.
Vous ☐	☐ dorment la fenêtre ouverte.
Elles ☐	☐ dormiriez la fenêtre ouverte.

B. Accorde le verbe DORMIR aux temps indiqués.

ind. prés. :	Elle .... dans son nouveau lit.
	Vous .... dans votre nouveau lit.
ind. imparf. :	Je .... dans mon nouveau lit.
ind. fut. s. :	Nous ....dans notre nouveau lit.
ind. cond. prés. :	Il .... dans son nouveau lit.
ind. pas. comp. :	Tu .... dans ton nouveau lit.
ind. pas. s. :	Il .... dans son nouveau lit.
	Elles .... dans leur nouveau lit.

Les verbes
COUVRIR, OFFRIR, SOUFFRIR, OUVRIR

A. Relie ce qui va ensemble.

Je	☐	☐	couvriez les cahiers.
Tu	☐	☐	couvre les cahiers.
Elle	☐	☐	as couvert les cahiers.
Nous	☐	☐	couvriraient les cahiers.
Vous	☐	☐	couvrit les cahiers.
Elles	☐	☐	couvririons les cahiers.

B. Accorde les verbes entre parenthèses aux temps indiqués.

(offrir - ind. prés.) : Papa .... un sac à maman.

Nous .... un sac à maman.

(offrir - ind. imparf.) : Vous .... un sac à maman.

(offrir - ind. fut. s.) : J' .... un sac à maman.

(découvrir - ind. cond. prés.) : Il ....un trésor.

(ouvrir - ind. pas. comp.) : Tu .... le tiroir.

(ouvrir - ind. pas. s.) : Il .... le tiroir.

Ils .... le tiroir.

Les verbes VENIR, TENIR

A. Relie ce qui va ensemble.

Je	☐	☐	viendrais à la maison.
Tu	☐	☐	venait à la maison.
Elle	☐	☐	viendrai à la maison.
Nous	☐	☐	êtes venus à la maison.
Vous	☐	☐	venons à la maison.
Elles	☐	☐	vinrent à la maison.

B. Accorde les verbes entre parenthèses aux temps indiqués.

(tenir - ind. prés.) :	Il .... la porte.
	Elles .... la porte.
(tenir - ind. imparf.) :	Je .... la porte.
(tenir - ind. fut. s.) :	Nous .... la porte.
(venir - ind. cond. prés.) :	Vous .... à vélo.
(venir - ind. pas. comp.) :	Elle .... à vélo.
	Ils .... à vélo.
(venir - ind. pas. s.) :	Il .... à vélo.
	Elles .... à vélo.

Le verbe DIRE

A. Relie ce qui va ensemble.

J'	☐	☐	disait la vérité.
Tu	☐	☐	ai dit la vérité.
Elle	☐	☐	diras la vérité.
Nous	☐	☐	dirent la vérité.
Vous	☐	☐	dirions la vérité.
Elles	☐	☐	dites la vérité.

B. Accorde le verbe DIRE aux temps indiqués.

ind. prés. :	Elle .... bonjour poliment.
	Vous .... bonjour poliment.
ind. imparf. :	Ils .... bonjour poliment.
ind. fut. s. :	Je .... bonjour poliment.
ind. cond. prés. :	Nous .... bonjour poliment.
ind. pas. comp. :	J' .... bonjour poliment.
ind. pas. s. :	Il .... bonjour poliment.
	Ils .... bonjour poliment.

Le verbe LIRE

A. Relie ce qui va ensemble.

Je ☐	☐ lisez un livre intéressant.
Tu ☐	☐ lirai un livre intéressant.
Elle ☐	☐ avons lu un livre intéressant.
Nous ☐	☐ lurent un livre intéressant.
Vous ☐	☐ lisait un livre intéressant.
Elles ☐	☐ lirions un livre intéressant.

B. Accorde le verbe LIRE aux temps indiqués.

ind. prés. :	Je .... le journal.
	Vous .... le journal.
ind. imparf. :	Nous .... le journal.
ind. fut. s. :	Elle .... le journal.
ind. cond. prés. :	Elles .... le journal.
ind. pas. comp. :	Tu .... le journal.
ind. pas. s. :	Il .... le journal.
	Ils .... le journal.

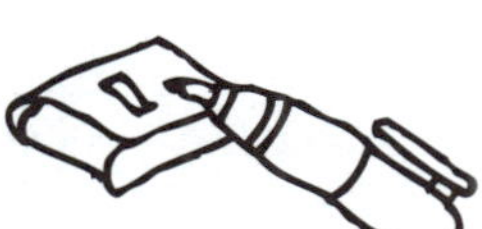

Les verbes RIRE, SOURIRE

A. Relie ce qui va ensemble.

Je	☐	☐	sourirais à la personne âgée.
Tu	☐	☐	sourions à la personne âgée.
Elle	☐	☐	sourirai à la personne âgée.
Nous	☐	☐	souriiez à la personne âgée.
Vous	☐	☐	sourirent à la personne âgée.
Elles	☐	☐	a souri à la personne âgée.

B. Accorde le verbe RIRE aux temps indiqués.

ind. prés. :	Tu .... des clowns.
	Vous .... des clowns.
ind. imparf. :	Nous .... des clowns.
ind. fut. s. :	Vous .... des clowns.
ind. cond. prés. :	Je .... des clowns.
ind. pas. comp. :	Nous .... des clowns.
ind. pas. s. :	Elle .... des clowns.
	Elles .... des clowns.

Les verbes CUIRE, (CONDUIRE, INSTRUIRE, TRADUIRE...)

A. Relie ce qui va ensemble.

Je	☐	☐	cuiriez des brochettes.
Tu	☐	☐	cuirai des brochettes.
Elle	☐	☐	cuisit des brochettes.
Nous	☐	☐	cuisions des brochettes.
Vous	☐	☐	cuisent des brochettes.
Elles	☐	☐	as cuit des brochettes.

B. Accorde le verbe CONDUIRE aux temps indiqués.

ind. prés. :	Je .... la voiture.
	Vous .... la voiture.
ind. imparf. :	Elle .... la voiture.
ind. fut. s. :	Nous .... la voiture.
ind. cond. prés. :	Tu .... la voiture.
ind. pas. comp. :	Vous .... la voiture.
ind. pas. s. :	Il .... la voiture.
	Elles .... la voiture.

Le verbe DEVOIR

A. Relie ce qui va ensemble.

Je	☐	☐	dut arroser les plantes.
Tu	☐	☐	devrai arroser les plantes.
Elle	☐	☐	devez arroser les plantes.
Nous	☐	☐	devrais arroser les plantes.
Vous	☐	☐	ont dû arroser les plantes.
Elles	☐	☐	devrions arroser les plantes.

B. Accorde le verbe DEVOIR aux temps indiqués.

ind. prés. :	Je .... compléter le texte.
	Tu .... compléter le texte.
	Vous .... compléter le texte.
ind. imparf. :	Il .... compléter le texte.
ind. fut. s. :	Nous .... compléter le texte.
ind. cond. prés. :	Vous .... compléter le texte.
ind. pas. comp. :	Elles .... compléter le texte.
ind. pas. s. :	Il .... compléter le texte.
	Elles .... compléter le texte.

Le verbe VOIR

A. Relie ce qui va ensemble.

Je	☐	☐	verriez le lever du soleil.
Tu	☐	☐	vois le lever du soleil.
Elle	☐	☐	verra le lever du soleil.
Nous	☐	☐	virent le lever du soleil.
Vous	☐	☐	voyons le lever du soleil.
Elles	☐	☐	as vu le lever du soleil.

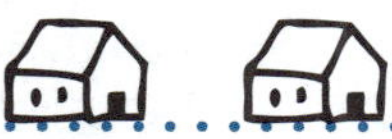

B. Accorde le verbe VOIR aux temps indiqués.

ind. prés. :	Nous .... atterrir les avions.
	Je .... atterrir les avions.
ind. imparf. :	Vous .... atterrir les avions.
ind. fut. s. :	Tu .... atterrir les avions.
ind. cond. prés. :	Il .... atterrir les avions.
ind. pas. comp. :	Nous .... atterrir les avions.
ind. pas. s. :	Il .... atterrir les avions.
	Elles .... atterrir les avions.

Le verbe POUVOIR

A. Relie ce qui va ensemble.

Je ☐	☐ pourrai acheter un GSM.
Tu ☐	☐ pouvions acheter un GSM.
Elle ☐	☐ peux acheter un GSM.
Nous ☐	☐ a pu acheter un GSM.
Vous ☐	☐ purent acheter un GSM.
Elles ☐	☐ pourriez acheter un GSM.

B. Accorde le verbe POUVOIR aux temps indiqués.

ind. prés. :	Tu .... inviter des amis.
	Vous .... inviter des amis.
ind. imparf. :	Nous .... inviter des amis.
ind. fut. s. :	Il .... inviter des amis.
ind. cond. prés. :	Je .... inviter des amis.
ind. pas. comp. :	Vous .... inviter des amis.
ind. pas. s. :	Il .... inviter des amis.
	Elles .... inviter des amis.

Le verbe VOULOIR

A. Relie ce qui va ensemble.

J'	☐	☐	vouliez remercier un ami.
Tu	☐	☐	voudrait remercier un ami.
Elle	☐	☐	voudras remercier un ami.
Nous	☐	☐	voulons remercier un ami.
Vous	☐	☐	voulurent remercier un ami.
Elles	☐	☐	ai voulu remercier un ami.

B. Accorde le verbe VOULOIR aux temps indiqués.

ind. prés. : Elle .... essayer le vélo.

Vous .... essayer le vélo.

ind. imparf. : Je .... essayer le vélo.

ind. fut. s. : Nous .... essayer le vélo.

ind. cond. prés. : Nous .... essayer le vélo.

ind. pas. comp. : Tu .... essayer le vélo.

ind. pas. s. : Il .... essayer le vélo.

Ils .... essayer le vélo.

Le verbe SAVOIR

A. Relie ce qui va ensemble.

Je	☐	☐	sut lire cette brochure.
Tu	☐	☐	saurai lire cette brochure.
Elle	☐	☐	saviez lire cette brochure.
Nous	☐	☐	as su lire cette brochure.
Vous	☐	☐	sauraient lire cette brochure.
Elles	☐	☐	savions lire cette brochure.

B. Accorde le verbe SAVOIR aux temps indiqués.

ind. prés. :	Tu .... préparer le dessert.
	Elles .... préparer le dessert.
ind. imparf. :	Je .... préparer le dessert.
ind. fut. s. :	Vous .... préparer le dessert.
ind. cond. prés. :	Nous .... préparer le dessert.
ind. pas. comp. :	Tu .... préparer le dessert.
ind. pas. s. :	Elle .... préparer le dessert.
	Elles .... préparer le dessert.

Le verbe BOIRE

A. Relie ce qui va ensemble.

Je ☐		☐ buvons un chocolat chaud.
Tu ☐		☐ a bu un chocolat chaud.
Elle ☐		☐ but un chocolat chaud.
Nous ☐		☐ buvais un chocolat chaud.
Vous ☐		☐ boiraient un chocolat chaud.
Elles ☐		☐ boirez un chocolat chaud.

B. Accorde le verbe BOIRE aux temps indiqués.

ind. prés. :	Tu .... de l'eau fraiche.
	Vous .... de l'eau fraiche.
ind. imparf. :	Nous .... de l'eau fraiche.
ind. fut. s. :	Elles .... de l'eau fraiche.
ind. cond. prés. :	Je .... de l'eau fraiche.
ind. pas. comp. :	J' .... de l'eau fraiche.
ind. pas. s. :	Il .... de l'eau fraiche.
	Elles .... de l'eau fraiche.

Le verbe CROIRE

A. Relie ce qui va ensemble.

Je ☐	☐ as cru le professeur.
Tu ☐	☐ croyons le professeur.
Elle ☐	☐ croyiez le professeur.
Nous ☐	☐ crut le professeur.
Vous ☐	☐ croient le professeur.
Elles ☐	☐ croiront le professeur.
	☐ croirais le professeur.

B. Accorde le verbe CROIRE aux temps indiqués.

ind. prés. : Je .... ce que l'historien raconte.

Vous .... ce que l'historien raconte.

ind. imparf. : Nous .... ce que l'historien racontait.

ind. fut. s. : Tu .... ce que l'historien racontera.

ind. cond. prés. : Il .... ce que l'historien raconterait.

ind. pas. comp. : Tu .... ce que l'historien a raconté.

ind. pas. s. : Elle .... ce que l'historien raconta.

Elles .... ce que l'historien raconta.

Les verbes comme PRENDRE, (APPRENDRE, COMPRENDRE…)

OBSERVE :

je prends, tu apprends, il comprend.

RETIENS :

Les verbes « prendre » gardent le « d » muet.

A. Relie ce qui va ensemble.

Je ☐	☐ prenons un médicament.
Elle ☐	☐ prenais un médicament.
	☐ prend un médicament.
Nous ☐	☐ prirent un médicament.
Elles ☐	☐ prendrons un médicament.

B. Accorde le verbe APPRENDRE aux temps indiqués.

ind. prés. : Elle .... une langue étrangère.

Elles .... une langue étrangère.

ind. imparf. : J' .... une langue étrangère.

ind. fut. s. : Vous .... une langue étrangère.

ind. cond. prés. : Tu .... une langue étrangère.

ind. pas. comp. : Il .... une langue étrangère.

ind. pas. s. : Ils .... une langue étrangère.

Les verbes en -DRE (PERDRE, VENDRE, ENTENDRE, RÉPONDRE, TORDRE...)

OBSERVE :

Nous vendons Nous répondons Nous perdons Ils mordent	➪ ➪ ➪ ➪	Je vends Je réponds Il perd Il mord
J'entends «d»	➪	on garde le «d»

A. Relie ce qui va ensemble.

Je ☐	☐ perds.
Elle ☐	☐ vend.
Nous ☐	☐ vendons.
	☐ entend.
	☐ descends.

B. Accorde les verbes aux temps indiqués.

(répondre - ind. prés.) : Je .... au téléphone.

(pondre - ind. prés.) : Les oiseaux .... des œufs.

(tondre - ind. prés.) : Il .... la pelouse.

(tordre - ind. prés.) : Tu .... l'essui.

(perdre - ind. prés.) : Vous .... votre mouchoir.

(mordre - ind. prés.) : Le chien ....

(vendre - ind. imparf.) : Nous .... des chocolats.

(descendre - ind. fut. s.) : Tu .... l'escalier.

(prendre - ind. cond. prés.) : Vous .... le métro.

(entendre - ind. pas. comp.) : Elle .... sonner.

(vendre - ind. pas. s.) : Elle .... sa récolte.

(attendre - ind. pas. s.) : Ils .... la suite de l'histoire.

Le verbe COUDRE

RETIENS :

nous cousons **MAIS** : je cou**d**s - elle cou**d**

Ce verbe n'obéit pas à la règle des verbes en -dre.

A. Relie ce qui va ensemble.

Je	☐	☐	coudrons une poche.
Tu	☐	☐	ont cousu une poche.
Elle	☐	☐	couds une poche.
Nous	☐	☐	cousirent une poche.
Vous	☐	☐	cousait une poche.
Elles	☐	☐	coudriez une poche.

B. Accorde le verbe COUDRE aux temps indiqués.

ind. prés. : Maman .... un bouton.

ind. imparf. : Maman .... un bouton.

ind. fut. s. : Maman .... un bouton.

ind. cond. prés. : Maman .... un bouton.

ind. pas. comp. : Maman .... un bouton.

ind. pas. s. : Maman .... un bouton.

Le verbe
METTRE (PERMETTRE...)

A. Relie ce qui va ensemble.

Je ☐		☐ mettions le cadre au mur.
Tu ☐		☐ mets le cadre au mur.
Elle ☐		☐ avez mis le cadre au mur.
Nous ☐		☐ met le cadre au mur.
Vous ☐		☐ mirent le cadre au mur.
Elles ☐		☐ mettra le cadre au mur.

B. Accorde le verbe METTRE aux temps indiqués.

ind. prés. :	Elle .... un nouveau blouson.
	Vous .... un nouveau blouson.
	Ils .... un nouveau blouson.
ind. imparf. :	Tu .... un nouveau blouson.
ind. fut. s. :	Nous .... un nouveau blouson.
ind. cond. prés. :	Ils .... un nouveau blouson.
ind. pas. comp. :	J' .... un nouveau blouson.
ind. pas. s. :	Elle .... un nouveau blouson.

Le verbe BATTRE

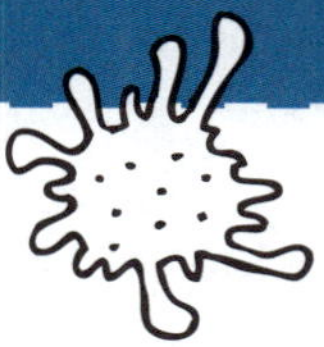

A. Relie ce qui va ensemble.

Je ☐	☐ battras les œufs en neige.
Tu ☐	☐ battait les œufs en neige.
Elle ☐	☐ battriez les œufs en neige.
Nous ☐	☐ bats les œufs en neige.
Vous ☐	☐ battrons les œufs en neige.
Elles ☐	☐ battirent les œufs en neige.

B. Accorde le verbe BATTRE aux temps indiqués.

ind. prés. :	Elle .... les œufs en neige.
	Elles .... les œufs en neige.
ind. imparf. :	Vous .... les œufs en neige.
ind. fut. s. :	Je .... les œufs en neige.
ind. cond. prés. :	Tu .... les œufs en neige.
ind. pas. comp. :	Nous .... les œufs en neige.
ind. pas. s. :	Il .... les œufs en neige.
	Elles .... les œufs en neige.

Le verbe CONNAITRE

A. Relie ce qui va ensemble.

Je	☐	☐	connaitra cette chanson.
Tu	☐	☐	connaitrai cette chanson.
Elle	☐	☐	as connu cette chanson.
Nous	☐	☐	connurent cette chanson.
Vous	☐	☐	connaissions cette chanson.
Elles	☐	☐	connaissez cette chanson.

B. Accorde le verbe CONNAITRE aux temps indiqués.

ind. prés. :	Il .... cette personne.
	Vous .... cette personne.
ind. imparf. :	Nous .... cette personne.
ind. fut. s. :	Je .... cette personne.
ind. cond. prés. :	Elle .... cette personne.
ind. pas. comp. :	Vous .... cette personne.
ind. pas. s. :	Elle .... cette personne.
	Elles .... cette personne.

Le verbe PLEUVOIR

Accorde le verbe PLEUVOIR aux temps indiqués.

ind. prés. :	Il ....
ind. imparf. :	Il ....
ind. fut. s. :	Il ....
ind. cond. prés. :	Il ....
ind. pas. comp. :	Il ....
ind. pas. s. :	Il ....

DES VARIATIONS

A. Ajoute les terminaisons aux verbes à l'indicatif présent.

Pour faire des boutures de géranium, tu coup....... une tige sans fleur juste au-dessus de deux ou trois feuilles. Tu rempl........ un pot de terreau ; tu enfonc......... un crayon pour faire un trou. Tu plac........ la bouture au milieu du pot. Tu rebouch....... le trou. Enfin, tu arros....... .

B. Ajoute les terminaisons aux verbes à l'indicatif présent.

Pour faire des boutures de géranium, nous coup........... une tige sans fleur juste au-dessus de deux ou trois feuilles. Nous rempl............ un pot de terreau ; nous enfon............ un crayon pour faire un trou. Nous plaç............ la bouture au milieu du pot. Nous rebouch........... le trou. Enfin, nous arros........... .

C. Explique à tes amis comment ils doivent faire. (Impératif présent, 2 PP)

Si vous voulez faire des boutures de géranium, coup......... une tige sans fleur juste au-dessus de deux ou trois feuilles. Rempl.......... un pot de terreau ; enfonc.......... un crayon pour faire un trou. Plac......... la bouture au milieu du pot. Rebouch......... le trou. Enfin, arros......... .

D. Explique comment tu as fait. (Indicatif pas. composé)

Pour faire des boutures de géranium, j'ai coup....... une tige sans fleur juste au-dessus de deux ou trois feuilles. J' .... rempl........ un pot de terreau ; j'....... enfonc......... un crayon pour faire un trou. J'........ plac........ la bouture au milieu du pot. J'........ rebouch....... le trou. Enfin, j'........... arros....... .

E. Explique à tes amis ce que nous ferons. (Ind. futur simple)

Pour faire des boutures de géranium, nous coup........... une tige sans fleur juste au-dessus de deux ou trois feuilles. Nous rempl............. un pot de terreau ; nous enfonc............. un crayon pour faire un trou. Nous plac............ la bouture au milieu du pot. Nous rebouch............ le trou. Enfin, nous arros............. .

Brassage des verbes et des temps

A. Accorde le verbe aux temps indiqués.

ÊTRE

ind. présent :

Je .... près du lac.
Tu .... près du lac.
Nous .... près du lac.
Vous .... près du lac.

ind. imparfait :

Tu .... près du lac.
Vous .... près du lac.

ind. fut. s. :

Tu .... près du lac.
Elles .... près du lac.

ind. pas. s. :

Il .... près du lac.
Elles .... près du lac.

ind. pas. comp. :

Tu .... près du lac.
Nous .... près du lac.

ind. cond. prés. :

Je .... près du lac.
Vous .... près du lac.

impératif prés. :

2e pers. sing. : .... près du lac.
1ère pers. plur. : .... près du lac.
2e pers. plur. : .... près du lac.

Brassage des verbes et des temps

B. Accorde le verbe aux temps indiqués.

AVOIR

ind. présent :

J' .... de la force.
Tu .... de la force.
Nous .... de la force.
Vous .... de la force.

ind. imparfait :

Tu .... de la force.
Elles .... de la force.

ind. fut. s. :

J' .... de la force.
Nous .... de la force.

ind. pas. s. :

Elle .... de la force.
Ils .... de la force.

ind. pas. comp. :

Tu .... de la force.
Vous .... de la force.

ind. cond. prés. :

Elle .... de la force.
Nous .... de la force.

impératif prés. :

2e pers. sing. : .... de la force.
1ère pers. plur. : .... de la force.
2e pers. plur. : .... de la force.

Brassage des verbes et des temps

C. Accorde le verbe aux temps indiqués.

FAIRE

ind. présent :

Je .... une promenade.
Il .... une promenade.
Nous .... une promenade.
Vous .... une promenade.

ind. imparfait :

Tu .... une promenade.
Vous .... une promenade.

ind. fut. s. :

Je .... une promenade.
Elles .... une promenade.

ind. pas. s. :

Il .... une promenade.
Elles .... une promenade.

ind. pas. comp. :

Tu .... une promenade.
Nous .... une promenade.

ind. cond. prés. :

Je .... une promenade.
Ils .... une promenade.

impératif prés. :

2e pers. sing. : .... une promenade.
1ère pers. plur. : .... une promenade.
2e pers. plur. : .... une promenade.

Brassage des verbes et des temps

D. Accorde le verbe aux temps indiqués.

ALLER

ind. présent :

Je .... en voyage.

Tu .... en voyage.

Nous .... en voyage.

Ils .... en voyage.

ind. imparfait :

J' .... en voyage.

Nous .... en voyage.

ind. fut. s. :

J' .... en voyage.

Vous .... en voyage.

ind. pas. s. :

Elle .... en voyage.

Ils .... en voyage.

ind. pas. comp. :

Tu .... en voyage.

Vous .... en voyage.

ind. cond. prés. :

Tu .... en voyage.

Nous .... en voyage.

impératif prés. :

2e pers. sing. : .... en voyage.

1ère pers. plur. : .... en voyage.

2e pers. plur. : .... en voyage.

Brassage des verbes et des temps

E. Accorde le verbe aux temps indiqués.

VOIR

ind. présent :

Je .... un gros nuage.

Tu .... un gros nuage.

Nous .... un gros nuage.

Vous .... un gros nuage.

ind. imparfait :

Elle .... un gros nuage.

Vous .... un gros nuage.

ind. fut. s. :

Tu .... un gros nuage.

Nous .... un gros nuage.

ind. pas. s. :

Il .... un gros nuage.

Elles .... un gros nuage.

ind. pas. comp. :

Tu .... un gros nuage.

Vous .... un gros nuage.

ind. cond. prés. :

Je .... un gros nuage.

Elles .... un gros nuage.

impératif prés. :

2e pers. sing. : .... un gros nuage.

1ère pers. plur. : .... un gros nuage.

2e pers. plur. : .... un gros nuage.

Brassage des verbes et des temps

F. Accorde le verbe aux temps indiqués.

ACHEVER

ind. présent :

J' .... l'affiche.
Tu .... l'affiche.
Nous .... l'affiche.
Vous .... l'affiche.

ind. imparfait :

Elle .... l'affiche.
Ils .... l'affiche.

ind. fut. s. :

Tu .... l'affiche.
Vous .... l'affiche.

ind. pas. s. :

Elle .... l'affiche.
Ils .... l'affiche.

ind. pas. comp. :

J' .... l'affiche.
Elles .... l'affiche.

ind. cond. prés. :

Elle .... l'affiche.
Nous .... l'affiche.

impératif prés. :

2e pers. sing. : .... l'affiche.
1ère pers. plur. : .... l'affiche
2e pers. plur. : .... l'affiche.

Brassage des verbes et des temps

G. Accorde le verbe aux temps indiqués.

APPELER

ind. présent :

J' .... le chien.
Tu .... le chien.
Nous .... le chien.
Vous .... le chien.

ind. imparfait :

Elle .... le chien.
Vous .... le chien.

ind. fut. s. :

Tu .... le chien.
Ils .... le chien.

ind. pas. s. :

Elle .... le chien.
Ils .... le chien.

ind. pas. comp. :

J' .... le chien.
Nous .... le chien.

ind. cond. prés. :

Tu .... le chien.
Vous .... le chien.

impératif prés. :

2e pers. sing. : .... le chien.
1ère pers. plur. : .... le chien.
2e pers. plur. : .... le chien.

Brassage des verbes et des temps

H. Accorde le verbe aux temps indiqués.

JETER

ind. présent :

Tu .... des graines aux oiseaux.

Elle .... des graines aux oiseaux.

Nous .... des graines aux oiseaux.

Vous .... des graines aux oiseaux.

ind. imparfait :

Tu .... des graines aux oiseaux.

Nous .... des graines aux oiseaux.

ind. fut. s. :

Je .... des graines aux oiseaux.

Vous .... des graines aux oiseaux.

ind. pas. s. :

Elle .... des graines aux oiseaux.

Elles .... des graines aux oiseaux.

ind. pas. comp. :

Il .... des graines aux oiseaux.

Vous .... des graines aux oiseaux.

ind. cond. prés. :

Je .... des graines aux oiseaux.

Nous .... des graines aux oiseaux.

impératif prés. :

2e pers. sing. : .... des graines aux oiseaux.

1ère pers. plur. : .... des graines aux oiseaux.

2e pers. plur. : .... des graines aux oiseaux.

Brassage des verbes et des temps

1. Accorde le verbe aux temps indiqués.

SEMER

ind. présent :

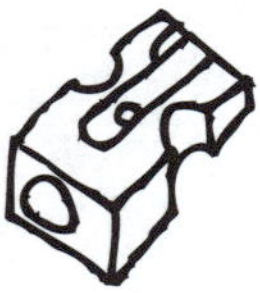

Je .... des radis.
Tu .... des radis.
Nous .... des radis.
Vous .... des radis.

ind. imparfait :

Elle .... des radis.
Vous .... des radis.

ind. fut. s. :

Tu .... des radis.
Vous .... des radis.

ind. pas. s. :

Il .... des radis.
Elles .... des radis.

ind. pas. comp. :

J' .... des radis.
Vous .... des radis.

ind. cond. prés. :

Tu .... des radis.
Ils .... des radis.

impératif prés. :

2e pers. sing. : .... des radis.
1ère pers. plur. : .... des radis.
2e pers. plur. : .... des radis.

Brassage des verbes et des temps

J. Accorde le verbe aux temps indiqués.

AVANCER

ind. présent :

Tu .... l'heure de l'horloge.

Nous .... l'heure de l'horloge.

Vous .... l'heure de l'horloge.

Elles .... l'heure de l'horloge.

ind. imparfait :

J' .... l'heure de l'horloge.

Nous .... l'heure de l'horloge.

ind. fut. s. :

Tu .... l'heure de l'horloge.

Vous .... l'heure de l'horloge.

ind. pas. s. :

Il .... l'heure de l'horloge.

Elles .... l'heure de l'horloge.

ind. pas. comp. :

Tu .... l'heure de l'horloge.

Vous .... l'heure de l'horloge.

ind. cond. prés. :

Elle .... l'heure de l'horloge.

Nous .... l'heure de l'horloge.

impératif prés. :

2e pers. sing. : .... l'heure de l'horloge.

1ère pers. plur. : .... l'heure de l'horloge.

2e pers. plur. : .... l'heure de l'horloge.

BROUILLON / NOTES

CORRECTIFS

Les trois moments principaux

Nous tenons compte de la réforme de l'orthographe.

Reconnais les trois moments principaux.
Numérote les phrases dans l'ordre.

Le chien mangera dans un instant. **3**	Le chien mange. **2**	Le chien mangeait. **1**
Noé cuit les brochettes. **2**	Noé cuisait le brochettes. **1**	Noé cuira les brochettes. **3**
Papa chargera les valises. **3**	Papa ouvre le coffre. **2**	Maman a préparé les valises. **1**

Les trois moments principaux

A. Trace une croix dans la colonne qui convient.

	passé	présent	futur
Le campeur installe sa tente.		X	
Le campeur installera sa tente.			X
Le campeur installait sa tente.	X		
Le facteur distribuera le courrier.			X
Le facteur a distribué le courrier.	X		
Le facteur distribue le courrier.		X	
J'ouvre une bouteille de lait.		X	
J'ai ouvert une bouteille de lait.	X		
J'ouvrirai une bouteille de lait.			X

B. Relie ce qui va ensemble.

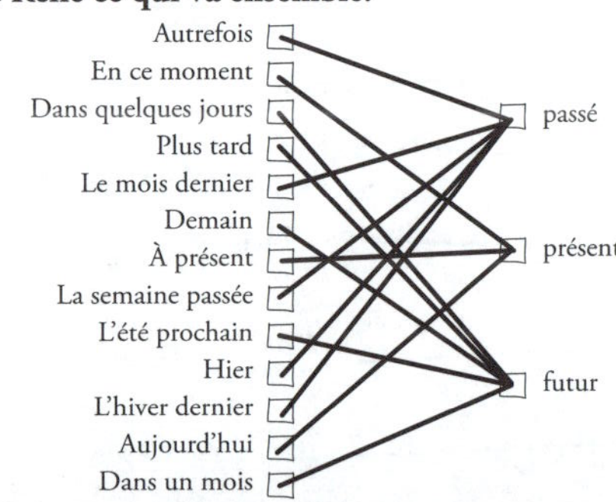

CORRECTIFS

L'indicatif présent (verbes en -ER)

A. Relie à la terminaison qui convient.

Je	jou	e
Tu	jou	
Il/Elle/On	jou	es
Nous	jou	
Vous	jou	ez
Ils/Elles	jou	
Amélie et moi	jou	ent
Julie et toi	jou	
David et Charlotte	jou	ons

B. Relie ce qui va ensemble.

Je	trouve / trouves	la solution.
Tu	trouve / trouves	la solution.
Il	trouve / trouvent	la solution.
Nous	trouvons / trouvez	la solution.
Vous	trouvons / trouvez	la solution.
Ils/elles	trouves / trouvent	la solution.

L'indicatif présent (verbes en -ER)

C. Relie ce qui va ensemble.

Mon ami et moi	admire / admires / admirons	ce vieux château.
Le touriste	admire / admires / admirons	ce vieux château.
Les touristes	admire / admires / admirent	ce vieux château.
Elle et toi	admire / admirent / admirez	ce vieux château.
Delphine et son frère	admire / admires / admirent	ce vieux château.
Toi et moi	admire / admirez / admirons	ce vieux château.
Léa et Sarah	admires / admirez / admirent	ce vieux château.

CORRECTIFS

L'indicatif présent (verbes en -ER)

D. Accorde correctement les verbes entre parenthèses à l'indicatif présent.

(aimer)	Tu ...**aimes**... le chocolat. Vous ...**aimez**... le chocolat.
(allumer)	Elle ...**allume**... le chauffage. Nous ...**allumons**... le chauffage.
(arracher)	J' ...**arrache**... les mauvaises herbes. Jacques et toi ...**arrachez**... les mauvaises herbes.
(bavarder)	Papa ...**bavarde**... avec le voisin. Elles ...**bavardent**... avec la voisin.
(blesser)	Cette lumière ...**blesse**... la vue. Ces lumières ...**blessent**... la vue.
(casser)	Tu ...**casses**... des noisettes. Elles ...**cassent**... des noisettes.
(chasser)	Je ...**chasse**... les mouches. Ils ...**chassent**... les mouches.
(chercher)	Sandrine ...**cherche**... son bic. Luc et Rita ...**cherchent**... leur bic.
(se coucher)	Je ...**me couche**... de bonne heure. Nous ...**nous couchons**. de bonne heure.
(couper)	Papa ...**coupe**... la viande. Vous ...**coupez**... la viande.

L'indicatif présent (verbes en -ER)

E. Accorde correctement les verbes entre parenthèses à l'indicatif présent.

(déchirer)	Tu ...**déchires**... l'emballage. Vous ...**déchirez**... l'emballage.
(dessiner)	Je ...**dessine**... un poisson. Tu ...**dessines**... un poisson.
(donner)	Le chêne ...**donne**... des glands. Les chênes ...**donnent**... des glands.
(éclairer)	La lampe ...**éclaire**... la chambre. Des lampes ...**éclairent**... la rue.
(entrer)	Nous ...**entrons**... en classe. Les élèves ...**entrent**... en classe.
(fermer)	Je ...**ferme**... la fenêtre. Lucas et Nathan ...**ferment**... les fenêtres.
(frapper)	On ...**frappe**... à la porte. Ils ...**frappent**... à la porte.
(se glisser)	Le serpent ...**se glisse**... entre les pierres. Vous ...**vous glissez**... sous les couvertures.
(habiter)	Mon oncle ...**habite**... une maison près du lac. Vous ...**habitez**... dans un appartement.
(inviter)	Tu ...**invites**... tes copains. Nous ...**invitons**... nos copains.

CORRECTIFS

L'indicatif présent (verbes en -ER)

F. Accorde correctement les verbes entre parenthèses à l'indicatif présent.

(jouer)	Tu ......**joues**.............. aux cartes avec ta sœur. Vous ......**jouez**............ dans le garage.
(laver)	Je ....**lave**............ les chaussures. Nous ....**lavons**............ la salade.
(marcher)	Elle ....**marche**...... jusqu'à l'école. Ils ......**marchent**... tous les jours pendant une heure.
(monter)	Je ....**monte**...... au grenier. Clara ...**monte**............. l'escalier à toute allure.
(montrer)	Kevin ....**montre**....... son cahier au professeur. Léna et moi .....**montrons**... l'exemple.
(parler)	..............**Parles**... -tu plusieurs langues ? ....**Parlez**........ -vous plusieurs langues ?
(planter)	Le jardinier ....**plante**........ un pommier. Nous ....**plantons**..... un pommier.
(pleurer)	Bébé ......**pleure**.......... dans son berceau. En voyant les clowns, nous ......**pleurons**...... de rire.
(emporter)	J' ......**emporte**...... la marchandise achetée. Elles ....**emportent**.. la marchandise achetée.
(poser)	Le plombier ....**pose**.......... les robinets. Des oiseaux se ......**posent**.......... sur la corniche.

© Éditions Je Réussis 7 Je Réussis «Conjugaison CE2»

L'indicatif présent (verbes en -ER)

G. Accorde correctement les verbes entre parenthèses à l'indicatif présent.

(pousser)	Je .....**pousse**.......... une brouette. Vous .....**poussez**........ une charrette.
(préparer)	Tu ....**prépares**... le repas. Ils ....**préparent** le repas.
(se promener)	Tu ......**te promènes**....... dans le parc. Vous .**vous promenez**.. dans le parc.
(raconter)	Il ....**raconte**.... ce qu'il a reçu. Elles ...**racontent**..... ce qu'elles ont reçu.
(ramasser)	Tu ....**ramasses**.... les cahiers. Vous ..**ramassez**......... les cahiers.
(regarder)	Je ....**regarde**. les photos du livre de géographie. Elles ..**regardent**..... les photos du livre de géographie.
(rouler)	Vinciane ....**roule**........ la feuille de papier. David et Sarah ....**roulent**....... la feuille de papier.
(sauter)	Je ....**saute**.......... au-dessus du mur. Vous .....**sautez**............ au-dessus du mur.
(sonner)	La pendule .....**sonne**............. toutes les heures. Les pendules ....**sonnent**... toutes les heures.
(tirer)	Tu ....**tires**............ un cahier de ton cartable. Vous ...**tirez**................. un cahier de votre cartable.

© Éditions Je Réussis 8 Je Réussis «Conjugaison CE2»

CORRECTIFS

L'indicatif présent (verbes en -ER)

11. **Accorde correctement les verbes entre parenthèses à l'indicatif présent.**

(tomber)	Une forte pluie ....**tombe**.... . En automne, les feuilles ....**tombent**....... .
(tourner)	Tu ....**tournes**........ la poignée de la porte. Au carrefour, nous ....**tournons**.... à gauche.
(tuer)	Je ....**tue**................ un moustique. Vous....**tuez**................ les moustiques.
(attraper)	Elle ....**attrape**.......... le ballon. Nous ...**attrapons**...... le ballon.
(calculer)	Je ....**calcule**.... le prix des achats. Vous ....**calculez**...... le prix des achats.
(caresser)	Aïcha .....**caresse**.......... son chien. Nous .....**caressons**..... son chien.
(coller)	Tu ....**colles**.............. des images. Ils ....**collent**...... des images.
(désirer)	Je ....**désire**.......... un vélo plus grand. Vous ....**désirez**......... un vélo plus grand.
(deviner)	Elle ..**devine**............. la réponse. Ils ....**devinent** les réponses.
(dévorer)	Le chien ....**dévore**......... un os. Les lions.........**dévorent**... une antilope.

L'indicatif présent (verbes en -ER)

1. **Accorde correctement les verbes entre parenthèses à l'indicatif présent.**

(se disputer)	Tu ....**te disputes**...... rarement. Nous .**nous disputons**. rarement.
(écraser)	Elle ....**écrase**......... une banane. Nous ...**écrasons**......... les pommes de terre cuites.
(piquer)	La fumée ....**pique**............. les yeux. Des moustiques ....**piquent**.... la peau.
(fêter)	Tu ....**fêtes**.............. l'anniversaire de maman. Nous .....**fêtons**.............. l'anniversaire de maman.
(gonfler)	Le vent ....**gonfle**........... les voiles. Vous ....**gonflez**...... la bouée.
(grelotter)	Je ....**grelotte**........ car j'ai de la fièvre. Ils ....**grelottent**.... car ils ont de la fièvre.
(parfumer)	Je ....**parfume**........ le rôti avec du romarin. Vous ..**parfumez**....... le rôti avec du romarin.
(réciter)	Quentin **récite**..................... un poème. Nous ....**récitons**..... un poème.
(rêver)	Elle ....**rêve**.................... de devenir danseuse. Ils ....**rêvent**..... de devenir aviateur.
(se coiffer)	Tu .....**te coiffes**..... tous les matins. Vous ...**vous coiffez**....... tous les matins.

CORRECTIFS

L'indicatif présent (verbes en -ER)

J. Accorde correctement les verbes entre parenthèses à l'indicatif présent.

Comment imprimer avec des feuilles d'arbres.

a) Tu *(verser)* ......**verses**.................. de la gouache dans une vieille assiette et tu y *(tremper)* ....**trempes**........ une feuille d'arbre. Tu *(déposer)* ......**déposes**........ cette feuille sur le papier ; tu la *(frotter)* ......**frottes**............ doucement de la main et ensuite tu la *(retirer)* ......**retires**............. .

b) Nous *(verser)* ....**versons**........... de la gouache dans une vieille assiette et nous y *(tremper)* .....**trempons**... une feuille d'arbre. Nous *(déposer)* ....**déposons** cette feuille sur le papier ; nous la *(frotter)* ....**frottons**..... doucement de la main et ensuite nous la *(retirer)* ......**retirons**......... .

c) Vous *(verser)* ....**versez**............. de la gouache dans une vieille assiette et vous y *(tremper)* .....**trempez**....... une feuille d'arbre. Vous *(déposer)* .....**déposez**....... cette feuille sur le papier ; vous la *(frotter)* ......**frottez**........... doucement de la main et ensuite vous la *(retirer)* ......**retirez**............ .

d) Ils *(verser)* ....**versent**............ de la gouache dans une vieille assiette et ils y *(tremper)* ....**trempent**....... une feuille d'arbre. Ils *(déposer)* ....**déposent**.. cette feuille sur le papier ; ils la *(frotter)* ....**frottent**.... doucement de la main et ensuite ils la *(retirer)* ....**retirent** .

L'indicatif imparfait (verbes en -ER)

A. Relie à la terminaison qui convient.

Sujet	Verbe	Terminaison
Je	jou	ais
Tu	jou	ais
Il/Elle/On	jou	ait
Nous	jou	ions
Vous	jou	iez
Ils/Elles	jou	aient
John et moi	jou	ions
Catherine et toi	jou	iez
René et Sophie	jou	aient

B. Relie ce qui va ensemble.

Je	trouvais	la solution.
Tu	trouvais	la solution.
Il	trouvait	la solution.
Nous	trouvions	la solution.
Vous	trouviez	la solution.
Ils/elles	trouvaient	la solution.

CORRECTIFS

L'indicatif imparfait (verbes en -ER)

A. Relie ce qui va ensemble.

Sujet	Choix	Réponse reliée
Mon ami et moi	admirait / admirais ce vieux château. / admirions	admirions
Le touriste	admirait / admirais ce vieux château. / admirions	admirait
Les touristes	admirait / admirais ce vieux château. / admiraient	admiraient
Elle et toi	admirait / admiraient ce vieux château. / admiriez	admiriez
Delphine et son frère	admirais / admirait ce vieux château. / admiraient	admiraient
Toi et moi	admirait / admirions ce vieux château. / admiraient	admirions ce vieux château.
Zoé et Sarah	admirais / admirait ce vieux château. / admiraient	admiraient

L'indicatif imparfait (verbes en -ER)

A. Accorde correctement les verbes entre parenthèses à l'indicatif imparfait.

(aimer) Tu ......**aimais**.......... le chocolat.
(allumer) Elle ....**allumait**..... le chauffage.
(arracher) Mathieu et toi .....**arrachiez**...... les mauvaises herbes.
(bavarder) Papa ....**bavardait**... avec le voisin.
(blesser) Ces lumières ....**blessaient**..... la vue.
(casser) Je ....**cassais**............. des noisettes.
(chasser) Ils .....**chassaient**.... les mouches.
(chercher) Joussef ....**cherchait**.... son bic.
(se coucher) Nous ...**nous couchions**... de bonne heure.
(couper) Papa ......**coupait**......... la viande.
(déchirer) Tu ....**déchirais**...... l'emballage.
(dessiner) Je .....**dessinais**....... un poisson.
(donner) Le chêne ......**donnait**......... des glands.
(éclairer) Des lampes ....**éclairaient**.... la rue.
(entrer) Nous .....**entrions**......... en classe.
(fermer) Lucas et Nathan ....**fermaient**...... les fenêtres.
(frapper) On ....**frappait**....... à la porte.
(se glisser) Le serpent ....**se glissait**.. entre les pierres.
(habiter) Vous ....**habitiez**......... dans un appartement.
(inviter) Nous .....**invitions**...... nos copains.
(jouer) Tu ...**jouais**................ aux cartes avec ta sœur.
(laver) Je ....**lavais**............. les chaussures.
(marcher) Ils ....**marchaient**. tous les jours pendant une heure.
(monter) Clara ....**montait**.......... l'escalier à toute allure.
(montrer) Tu ....**montrais**... ton cahier au professeur.

CORRECTIFS

L'indicatif imparfait (verbes en -ER)

A. Accorde correctement les verbes entre parenthèses à l'indicatif imparfait.

(parler)	**Parlais**-tu plusieurs langues ?
(planter)	Le jardinier **plantait** un pommier.
(pleurer)	En voyant les clowns, nous **pleurions** de rire.
(emporter)	J' **emportais** la marchandise achetée.
(poser)	Le plombier **posait** les robinets.
(pousser)	Je **poussais** une brouette.
(préparer)	Tu **préparais** le repas.
(se promener)	Vous **vous promeniez** dans le parc.
(raconter)	Il **racontait** ce qu'il a reçu.
(ramasser)	Tu **ramassais** les cahiers.
(regarder)	Elles **regardaient** les photos du livre de géographie.
(rouler)	Vinciane **roulait** la feuille de papier.
(sauter)	Je **sautais** au-dessus du mur.
(sonner)	La pendule **sonnait** toutes les heures.
(tirer)	Tu **tirais** un cahier de ton cartable.
(tomber)	Une forte pluie **tombait** .
(tourner)	Tu **tournais** la poignée de la porte.
(tuer)	Je **tuais** un moustique.
(attraper)	Elle **attrapait** le ballon.
(calculer)	Je **calculais** le prix des achats.
(caresser)	Aïcha **carressait** son chien.
(coller)	Ils **collaient** des images.
(désirer)	Vous **désiriez** un vélo plus grand.
(deviner)	Ils **devinaient** les réponses.
(dévorer)	Le chien **dévorait** un os.

L'indicatif imparfait (verbes en -ER)

B. Accorde correctement les verbes entre parenthèses à l'indicatif imparfait.

(se disputer)	Tu **te disputes** rarement.
(écraser)	Elle **écrasait** une banane.
(piquer)	La fumée **piquait** les yeux.
(fêter)	Nous **fêtions** l'anniversaire de maman.
(gonfler)	Le vent **gonflait** les voiles.
(grelotter)	Je **grelottais** car j'avais de la fièvre.
(parfumer)	Vous **parfumiez** le rôti avec du romarin.
(réciter)	Wafa **récitait** un poème.
(rêver)	Elle **rêvait** de devenir danseuse.
(se coiffer)	Vous **vous coiffiez** tous les matins.

C. Accorde les verbes à l'indicatif imparfait.

a) Pour imprimer avec des feuilles d'arbres, tu *(verser)* **versais** de la gouache dans une vieille assiette et tu y *(tremper)* **trempais** une feuille d'arbre. Tu *(déposer)* **déposais** cette feuille sur le papier ; tu la *(frotter)* **frottais** doucement de la main et ensuite tu la *(retirer)* **retirais** .

b) Pour imprimer avec des feuilles d'arbres, nous *(verser)* **versions** de la gouache dans une vieille assiette et nous y *(tremper)* **trempions** une feuille d'arbre. Nous *(déposer)* **déposions** cette feuille sur le papier ; nous la *(frotter)* **frottions** doucement de la main et ensuite nous la *(retirer)* **retirions** .

CORRECTIFS

L'indicatif futur simple (verbes en -ER)

A. Relie ce qui va ensemble.

Je	trouverai ☒ / trouverez ☐	la solution.
Tu	trouveras ☒ / trouvera ☐	la solution.
Elle	trouveras ☐ / trouvera ☒	la solution.
Nous	trouverons ☒ / trouverez ☐	la solution.
Vous	trouverons ☐ / trouverez ☒	la solution.
Ils/elles	trouverons ☐ / trouveront ☒	la solution.

B. Même exercice.

Mon ami et moi	admirerons ☒ / admireront ☐	ce vieux château.
Le touriste	admirera ☒ / admireront ☐	ce vieux château.
Elle et toi	admiraient ☐ / admirerez ☒	ce vieux château.
Delphine et son frère	admirerons ☐ / admireront ☒	ce vieux château.

L'indicatif futur simple (verbes en -ER)

A. Accorde correctement les verbes entre parenthèses à l'indicatif futur simple.

(aimer) Tu ...**aimeras**........ le chocolat.
(allumer) Elle ....**allumera**.... le chauffage.
(arracher) Tom et toi ....**arracherez**..... les mauvaises herbes.
(bavarder) Papa .....**bavardera**.... avec le voisin.
(blesser) Ces lumières ....**blesseront**..... la vue.
(casser) Je ....**casserai**.......... des noisettes.
(chasser) Ils ..**chasseront**..... les mouches.
(chercher) Joussef ......**cherchera**.... son bic.
(se coucher) Nous **nous coucherons** de bonne heure.
(couper) Papa ..**coupera**.......... la viande.
(déchirer) Tu ..**déchireras**....... l'emballage.
(dessiner) Je ....**dessinerai**.... un poisson.
(donner) Le chêne ....**donnera**...... des glands.
(éclairer) Des lampes .**éclaireront**...... la rue.
(entrer) Nous ..**entrerons**........ en classe.
(fermer) Lucas et Nathan ..**fermeront**....... les fenêtres.
(frapper) On ...**frappera**......... à la porte.
(se glisser) Le serpent ...**se glissera**..... entre les pierres.
(habiter) Vous .....**habiterez**..... dans un appartement.
(inviter) Nous .....**inviterons**.... nos copains.
(jouer) Tu ......**joueras**......... aux cartes avec ta sœur.
(laver) Je ....**laverai**............ les chaussures.
(marcher) Ils **marcheront** tous les jours pendant une heure.
(monter) Clara ...**montera**........ l'escalier à toute allure.
(montrer) Tu ...**montreras**..... ton cahier au professeur.

CORRECTIFS

L'indicatif futur simple (verbes en -ER)

D. Accorde correctement les verbes entre parenthèses à l'indicatif futur simple.

(parler)	..........**Parleras**... -tu plusieurs langues ?
(planter)	Le jardinier .....**plantera**....... un pommier.
(pleurer)	En voyant les clowns, nous ...**pleurerons**... de rire.
(emporter)	J' .....**emporterai** la marchandise achetée.
(poser)	Le plombier ......**posera**........... les robinets.
(pousser)	Je ......**pousserai**.... une brouette.
(préparer)	Tu ...**prépareras**... le repas.
(se promener)	Vous**vous promènerez**.. dans le parc.
(raconter)	Il .**racontera**......... ce qu'il a reçu.
(ramasser)	Tu ...**ramasseras**... les cahiers.
(regarder)	Elles **regarderont**les photos du livre de géographie.
(rouler)	Vinciane .....**roulera**.......... la feuille de papier.
(sauter)	Je ....**sauterai**.......... au-dessus du mur.
(sonner)	La pendule ...**sonnera**.......... toutes les heures.
(tirer)	Tu ....**tireras**.......... un cahier de ton cartable.
(tomber)	Une forte pluie ......**tombera**...... .
(tourner)	Tu ......**tourneras**.... la poignée de la porte.
(tuer)	Je .**tuerai**................. un moustique.
(attraper)	Elle ......**attrapera**..... le ballon.
(calculer)	Je ...**calculerai**...... le prix des achats.
(caresser)	Zoé ......**caressera**..... son chien.
(coller)	Ils .....**colleront**..... des images.
(désirer)	Vous .....**désirerez**........ un vélo plus grand.
(deviner)	Ils ...**devineront**... les réponses.
(dévorer)	Le chien ...**dévorera**......... un os.

L'indicatif futur simple (verbes en -ER)

E. Accorde correctement les verbes entre parenthèses à l'indicatif futur simple.

(se disputer)	Tu ...**te disputeras**... rarement.
(écraser)	Elle ....**écrasera**...... une banane.
(piquer)	La fumée .....**piquera**......... les yeux.
(fêter)	Nous ....**fêterons**........ l'anniversaire de maman.
(gonfler)	Le vent ...**gonflera**......... les voiles.
(grelotter)	Je ......**grelotterai** car j'aurai froid.
(parfumer)	Vous .**parfumerez**... le rôti avec du romarin.
(réciter)	Wafa ......**récitera**......... un poème.
(rêver)	Elles ...**rêveront**.......... de devenir danseuse.
(se coiffer)	Vous .**vous coifferez**..... tous les matins.

F. Accorde les verbes à l'indicatif futur simple.

a) Pour imprimer avec des feuilles d'arbres, tu *(verser)* ..**verseras**... de la gouache dans une vieille assiette et tu y *(tremper)* **tremperas** une feuille d'arbre. Tu *(déposer)* ..**déposeras**...... cette feuille sur le papier ; tu la *(frotter)* ....**frotteras**.......... doucement de la main et ensuite tu la *(retirer)* ....**retireras**........... .

b) Pour imprimer avec des feuilles d'arbres, nous *(verser)* **verserons** de la gouache dans une vieille assiette et nous y *(tremper)* **tremperons** une feuille d'arbre. Nous *(déposer)* ..**déposerons**... cette feuille sur le papier ; nous la *(frotter)* ...**frotterons**........ doucement de la main et ensuite nous la *(retirer)* ...**retirerons**........ .

CORRECTIFS

AVOIR à l'indicatif présent

A. Relie ce qui va ensemble.

J'	a des bottines fourrées.
Tu	ai des bottines fourrées.
Il/Elle	as des bottines fourrées.
Nous	ont des bottines fourrées.
Vous	avons des bottines fourrées.
Ils/Elles	avez des bottines fourrées.
Elle et moi	
Jacques et toi	
On	
Toi et moi	
Lui et toi	

B. Complète.

Tu ......**as**....... dix ans aujourd'hui.
Vous ....**avez**....... dix ans aujourd'hui.
Nous .....**avons**..... dix ans aujourd'hui.
J' ....**ai**...... dix ans aujourd'hui.
Elle ....**a**........... dix ans aujourd'hui.
Ils ......**ont**..... dix ans aujourd'hui.
Toi et moi ...**avons**....... dix ans aujourd'hui.
Luc et Léa ....**ont**........ dix ans aujourd'hui.
Pierre et toi .....**avez**........ dix ans aujourd'hui.

ÊTRE à l'indicatif présent

A. Relie ce qui va ensemble.

Je (Lucas)	es courageux.
Je (Manon)	est courageux.
Tu (Bernard)	suis courageuse.
Il	suis courageux.
Elle	sommes courageux.
Nous (Lucas et Tom)	est courageuse.
Vous (Mathieu et Clara)	sont courageuses.
Ils	êtes courageux.
Elles	sont courageux.

B. Accorde «être gentil».

Elle ..**est**........ ....**gentille**...... .
Tu (Lisa) ....**es**.......... .....**gentille**..... .
Elles .....**sont**..... ......**gentilles**.. .
Nous (André et Issam) .**sommes** ...**gentils**........ .
Vous (Clara et Nicole) ....**êtes**...... ....**gentilles**.... .
Ils ....**sont** ...**gentils**.......... .
Je (Matéo) ....**suis**..... ......**gentil**......... .
Il ..**est**......... .....**gentil**.......... .
Je (Isabelle) ....**suis**..... .....**gentille**..... .
Tu (Abdel) ....**es**.......... .....**gentil**......... .
Nous (Thomas et Ingrid) ..**sommes**.....**gentils**... .
Vous (Julie et Romain) ....**êtes**...... ....**gentils**....... .
Claire et Jeanne ...**sont**..... .....**gentilles**... .

CORRECTIFS

L'indicatif passé composé (verbes en -ER)

A. Relie ce qui va ensemble.

J'	a admiré le paysage.
Tu	as admiré le paysage.
Il	ai admiré le paysage.
Elle	avez admiré le paysage.
Nous	avons admiré le paysage.
Vous	ont admiré le paysage.
Ils	
Elles	

B. Relie ce qui va ensemble.

Je (Marie)	es tombé.
Je (Pierre)	es tombée.
Tu (Joris)	suis tombée.
Tu (Daphné)	suis tombé.
Il	sommes tombés.
Elle	sommes tombées.
Nous (3 garçons)	est tombé.
Nous (des filles)	est tombée.
Vous (Leila et Lena)	sont tombés.
Vous (Georges et Francis)	sont tombées.
René et Kevin	êtes tombés.
Nicolas et Kelly	êtes tombées.
Manon et Léa	

L'indicatif passé composé (verbes en -ER)

A. Accorde les verbes entre parenthèses à l'indicatif passé composé.

(aimer) J' ......**ai aimé**.................. cette histoire.
(allumer) Tu ....**as allumé**............... le chauffage.
(arracher) Paul et toi ...**avez arraché**.. les mauvaises herbes.
(bavarder) Nous ....**avons bavardé**........ avec le voisin.
(blesser) Ces lumières .....**ont blessé**....................... la vue.
(casser) Vous ......**avez cassé**........................... des noisettes.
(chasser) Elle ......**a chassé**.............................. les mouches.
(chercher) Sandrine .....**a cherché**............................ son bic.
(se coucher) Il ....**s'est couché**.................... de bonne heure.
Elle ......**s'est chouchée**........... de bonne heure.
Ils ..**se sont couchés**............... de bonne heure.
Elles ....**se sont couchées**.... de bonne heure.
(couper) Vous ......**avez coupé**.......................... la viande.
(déchirer) Tu ....**as dessiné**......................... l'emballage.
(dessiner) Vous ......**avez déchiré**.................... un poisson.
(donner) Le chêne ....**a donné**................... des glands.
(éclairer) Des lampes ....**ont éclairé**.................... la rue.
(entrer) Il ....**est entré**........ en classe.
Elle ......**est entrée**............................ en classe.
Elles ......**sont entrées**................... en classe.
J' ....**ai entré**.................. la clef dans la serrure.
Elle ...**a entré**......................... la clef dans la serrure.
Ils ....**ont entré**............. la clef dans la serrure.
(fermer) Lucas et Nathan ..**ont fermé**.............. les fenêtres.
(frapper) On ....**a frappé**........ à la porte.

CORRECTIFS

L'indicatif passé composé (verbes en -ER)

C. Accorde les verbes entre parenthèses à l'indicatif passé composé.

(se glisser) Le serpent **s'est glissé** entre les pierres.
Les serpents **se sont glissés** entre les pierres.
La truite **s'est glissée** entre les pierres.
Les truites **se sont glissées** entre les pierres.
(glisser) Il **a glissé** sur le verglas.
(habiter) Tu **as habité** dans un appartement.
(inviter) Nous **avons invité** nos copains.
(jouer) Tu **as joué** aux cartes avec ta sœur.
(laver) J' **ai lavé** les chaussures.
(marcher) Ils **ont marché** tous les jours pendant une heure.
(monter) Clara **est montée** dans sa chambre.
René **est monté** dans sa chambre.
Ils **sont montés** dans leur chambre.
Elles **sont montées** dans leur chambre.
Il **a monté** une maquette d'avion.
(montrer) Tu **as montré** ton cahier au professeur.
(parler) **As**-tu **parlé** plusieurs langues ?
(planter) Le jardinier **a planté** un pommier.
(pleurer) En voyant les clowns, nous **avons pleuré** de rire.
(emporter) J' **ai emporté** la marchandise achetée.
(poser) Le plombier **a posé** les robinets.
(pousser) Tu **as poussé** une brouette.
(préparer) J' **ai préparé** le repas.
(se promener) Elle **s'est promenée** dans le parc.
Ils **se sont promenés** dans le parc.

L'indicatif passé composé (verbes en -ER)

D. Accorde les verbes entre parenthèses à l'indicatif passé composé.

(raconter) Il **a raconté** ce qu'il a reçu.
(ramasser) Tu **as ramassé** les cahiers.
(regarder) Elle **a regardé** les photos du livre de géographie.
(rouler) Vinciane **a roulé** la feuille de papier.
(sauter) J' **ai sauté** au-dessus du mur.
(sonner) La pendule **a sonné** toutes les heures.
(tirer) Tu **as tiré** un cahier de ton cartable.
(tomber) Une forte pluie **est tombée**.
Des grêlons **sont tombés**.
(tourner) Tu **as tourné** la poignée de la porte.
(tuer) J' **ai tué** un moustique.
(attraper) Elle **a attrapé** le ballon.
(calculer) J' **ai calculé** le prix des achats.
(caresser) Aïcha **a caressé** son chien.
(coller) Ils **ont collé** des images.
(désirer) Vous **avez désiré** un vélo plus grand.
(deviner) Ils **ont deviné** les réponses.
(dévorer) Le chien **a dévoré** un os.
(se disputer) Il **s'est disputé** avec son ami.
Elle **s'est disputée** avec son voisin.
Ils **se sont disputés** la première place.
Elles **se sont disputées** la première place.
(écraser) Elle **a écrasé** une banane.
(piquer) La fumée **a piqué** les yeux.
(fêter) Nous **avons fêté** l'anniversaire de maman.

CORRECTIFS

L'indicatif passé composé (verbes en -ER)

E. Accorde les verbes entre parenthèses à l'indicatif passé composé.

(gonfler) Le vent ..**a gonflé**.......... les voiles.
(grelotter) J' ......**ai grelotté**........ car j'avais de la fièvre.
(parfumer) Vous ....**avez parfumé**.. le rôti avec du romarin.
(réciter) Chloé ....**a récité**.......... un poème.
(rêver) Elle ......**a rêvé**.......... de devenir danseuse.
(se coiffer) Il ....**s'est coiffé**.......... tous les matins.
Elle ....**s'est coiffée**.......... tous les matins.
Ils ....**se sont coiffés**.......... tous les matins.
Elles ....**se sont coiffées**....... tous les matins.

F. Accorde les verbes à l'indicatif passé composé.

a) Pour imprimer avec des feuilles d'arbres, tu *(verser)* **as versé**...... de la gouache dans une vieille assiette et tu y *(tremper)* .**as trempé** une feuille d'arbre. Tu *(déposer)* ..**as déposé**.......... cette feuille sur le papier ; tu *(frotter)* .....**as frotté**.......... la feuille doucement de la main et ensuite tu *(retirer)* ..**as retiré**.............. la feuille.

b) Pour imprimer avec des feuilles d'arbres, nous *(verser)* **avons versé** de la gouache dans une vieille assiette et nous y *(tremper)* **avons trempé** une feuille d'arbre. Nous *(déposer)* ....**avons déposé**...... cette feuille sur le papier ; nous *(frotter)* .....**avons frotté**.............. la feuille doucement de la main et ensuite nous *(retirer)* **avons retiré** la feuille.

L'impératif présent (verbes en -ER)

A. Accorde correctement les verbes entre parenthèses à l'impératif présent.

Tu parles à quelqu'un...(Exemple : Poste cette lettre.)

(aimer) ....**Aime**.......... le chocolat.
(allumer) ....**Allume**........ le chauffage.
(arracher) ....**Arrache**...... les mauvaises herbes.
(bavarder) ....**Bavarde**...... avec le voisin.
(blesser) Ne ....**blesse**.......................... personne.
(casser) ....**Casse**.......... des noisettes.
(chasser) ....**Chasse**.......... les mouches.
(chercher) ....**Cherche**....... ton bic.
(se coucher) ....**Couche-toi**....... de bonne heure.
(couper) ....**Coupe**.......... la viande.
(déchirer) ....**Déchire**.......... l'emballage.
(dessiner) ....**Dessine**.......... un poisson.
(donner) ....**Donne**.......... un os au chien.
(éclairer) ....**Éclaire**.......... la chambre.
(entrer) ....**Entre**.......... en classe.
(fermer) ....**Ferme**.......... les fenêtres.
(frapper) ....**Frappe**.......... à la porte.
(se glisser) ....**Glisse-toi**.. sous le lit.
(inviter) ....**Invite**.......... tes copains.
(jouer) ....**Joue**.......... aux cartes avec ta sœur.
(laver) ....**Lave**.......... les chaussures.
(marcher) ....**Marche**...... tous les jours pendant une heure.
(monter) ....**Monte**.......... l'escalier à toute allure.
(montrer) ....**Montre**...... ton cahier au professeur.

CORRECTIFS

L'impératif présent (verbes en -ER)

A. Accorde correctement les verbes entre parenthèses à l'impératif présent.

Tu parles de toi et d'autres personnes. (Exemple : Postons la lettre.)

(*parler*) ……**Parlons**…… poliment.
(*planter*) ……**Plantons**…… un pommier.
(*pleurer*) ……**Pleurons**… de rire.
(*emporter*) ……**Emportons**… la marchandise achetée.
(*poser*) ……**Posons**…… les achats dans le coffre.
(*pousser*) ……**Poussons**…… la brouette.
(*préparer*) ……**Préparons**… le repas.
(*se promener*) ……**Promenons-nous** dans le parc.
(*raconter*) ……**Racontons** ce que nous avons reçu.
(*ramasser*) ……**Ramassons**… les cahiers.
(*regarder*) ……**Regardons**… les photos du livre de géographie.
(*rouler*) ……**Roulons**…… la feuille de papier.
(*sauter*) ……**Sautons**…… au-dessus du mur.
(*sonner*) ……**Sonnons**…… à la porte.
(*tirer*) ……**Tirons**…… le cahier de notre cartable.
(*tomber*) Ne ……**tombons**…… pas dans le lac.
(*tourner*) ……**Tournons**…… la poignée de la porte.
(*tuer*) ……**Tuons**…… les moustiques.
(*attraper*) ……**Attrapons**… le ballon.
(*calculer*) ……**Calculons**… le prix des achats.
(*caresser*) ……**Caressons**… son chien.
(*coller*) ……**Collons**…… des images.
(*désirer*) ……**Désirons**…… un vélo plus grand.
(*deviner*) ……**Devinons**…… les réponses.

L'impératif présent (verbes en -ER)

B. Accorde correctement les verbes entre parenthèses à l'impératif présent.

Tu parles à d'autres personnes. (Exemple : Postez la lettre.)

(*se disputer*) Ne ……**vous disputez**…… pas.
(*écraser*) ……**Ecrasez**…… une banane.
(*fêter*) ……**Fêtez**…… l'anniversaire de maman.
(*gonfler*) ……**Gonflez**…… la bouée.
(*parfumer*) ……**Parfumez**…… le rôti avec du romarin.
(*réciter*) ……**Récitez**…… un poème.
(*rêver*) ……**Rêvez**…… de choses agréables.
(*se coiffer*) ……**Coiffez-vous**… tous les matins.

C. Accorde les verbes à l'impératif présent.

a) Tu t'adresses à quelqu'un…
Pour imprimer avec des feuilles d'arbres, (*verser*) ……**verse**…… de la gouache dans une vieille assiette. (*tremper*) ……**Trempe**…… une feuille d'arbre dans la couleur. (*déposer*) ……**Dépose**…… cette feuille sur le papier ; (*frotter*) ……**frotte**…… -la doucement de la main et ensuite (*retirer*) ……**retire**…… -la.

b) Tu t'adresses à plusieurs personnes.
Pour imprimer avec des feuilles d'arbres, (*verser*) ……**versez**…… de la gouache dans une vieille assiette. (*tremper*) ……**Trempez**……une feuille d'arbre dans la couleur. (*déposer*) ……**Déposez**…… cette feuille sur le papier ; (*frotter*) ……**frottez**…… -la doucement de la main et ensuite (*retirer*) ……**retirez**…… -la.

CORRECTIFS

L'indicatif passé simple (verbes en -ER)

A. Relie ce qui va ensemble.

Il / Elle / On

Ils / Elles

- alluma le chauffage.
- allumèrent le chauffage.
- arrachèrent les mauvaises herbes.
- arracha les mauvaises herbes.
- bavarda.
- bavardèrent.
- ne blessa personne.
- ne blessèrent personne.
- cassèrent des noisettes.
- cassa des noisettes.

B. Accorde les verbes entre parenthèse au passé simple.

(chasser) Ils ......**chassèrent**..... les mouches.
(chercher) Marie ....**chercha**...... son bic.
(se coucher) On ....**se coucha**.......... de bonne heure.
(couper) Papa ....**coupa**............ la viande.
(déchirer) Les enfants ...**déchirèrent**..... l'emballage.
(dessiner) Elle ....**dessina**......... un poisson.
(donner) Le chêne ....**donna**........... des glands.
(éclairer) Des lampes ....**éclairèrent**..... la rue.
(entrer) Ils ....**entrèrent**..... en classe.
(fermer) Lucas et Nathan ....**fermèrent**.... les fenêtres.
(frapper) On ....**frappa**........... à la porte.
(se glisser) Le serpent ......**se glissa**......... entre les pierres.
(habiter) Ils .....**habitèrent**..... dans un appartement.

L'indicatif passé simple (verbes en -ER)

C. Accorde les verbes entre parenthèses à l'indicatif passé simple.

(inviter) Jacques et son frère ....**invitèrent**... leurs copains.
(jouer) Il .....**joua**.................. aux cartes avec sa sœur.
(laver) Elles ....**lavèrent**.......... les chaussures.
(marcher) Ils ...**marchèrent** tous les jours pendant une heure.
(monter) Clara ..**monta**................ l'escalier à toute allure.
(montrer) Salek ...**montra**............ son cahier au professeur.
(planter) Le jardinier ......**planta**............ un pommier.
(pleurer) En voyant les clowns, ils .....**pleurèrent**..... de rire.
(emporter) Il .....**emporta**......... la marchandise achetée.
(poser) Le plombier ...**posa**................... les robinets.
(pousser) Il ..**poussa**.............. une brouette.
(préparer) Ils ...**préparèrent**... le repas.
(se promener) De nombreuses personnes **se promenèrent** dans le parc.
(raconter) Il ..**raconta**............. ce qu'il a reçu.
(ramasser) Il ......**ramassa**......... les cahiers.
(regarder) Elles **regardèrent** les photos du livre de géographie.
(rouler) Vinciane ....**roula**................ la feuille de papier.
(sauter) Elles .....**sautèrent**....... au-dessus du mur.
(sonner) La pendule .....**sonna**.............. toutes les heures.
(tirer) On ....**tira**...................... un cahier de ton cartable.
(tomber) Une forte pluie ...**tomba**..................... .
(tourner) Ils .....**tournèrent**... la poignée de la porte.
(tuer) Il ....**tua**...................... un moustique.
(attraper) Elle ......**attrapa**.......... le ballon.
(calculer) Ils ......**calculèrent**... le prix des achats.

CORRECTIFS

L'indicatif passé simple (verbes en -ER)

D. Accorde les verbes entre parenthèses à l'indicatif passé simple.

(caresser) Thibaut ..**caressa**................ son chien.
(coller) Ils ....**collèrent**...... des images.
(désirer) Il ....**désira**............... un vélo plus grand.
(deviner) Ils ....**devinèrent**.... les réponses.
(dévorer) Le chien ....**dévora**............. un os.
(écraser) Elle ....**écrasa**...... une banane.
(piquer) La fumée .....**piqua**............... les yeux.
(fêter) Ils ......**fêtèrent**......... l'anniversaire de maman.
(gonfler) Le vent ....**gonfla**............. les voiles.
(grelotter) Il ....**grelotta** car il avait de la fièvre.
(parfumer) Ils ...**parfumèrent**. le rôti avec du romarin.
(réciter) Sophie ....**récita**............. un poème.
(se coiffer) Ils ......**se coiffèrent**...... tous les matins.

E. Accorde les verbes à l'indicatif passé simple.

a) Pour imprimer avec des feuilles d'arbres, il *(verser)* ..**versa**............. de la gouache dans une vieille assiette et il y *(tremper)* .....**trempa**... une feuille d'arbre. Il *(déposer)* ....**déposa**............ cette feuille sur le papier ; il la *(frotter)* ....**frotta**.................. doucement de la main et ensuite il la *(retirer)* ....**retira**.................. .

b) Pour imprimer avec des feuilles d'arbres, elles *(verser)* ..**versèrent** de la gouache dans une vieille assiette et elles y *(tremper)* .**trempèrent** une feuille d'arbre. Elles *(déposer)* ....**déposèrent**.. cette feuille sur le papier ; elles la *(frotter)* ....**frottèrent**........ doucement de la main et ensuite elles la *(retirer)* ....**retirèrent**.......... .

L'indicatif conditionnel présent (verbes en -ER)

A. Relie ce qui va ensemble.

Si mon vélo était sale, je ☐ ☐ le laverait.
Si ton vélo était sale, tu ☐ ☐ le laverais.
Si son vélo était sale, il ☐ ☐ le laverions.
Si le vélo était sale, nous ☐ ☐ le laveriez.
Si le vélo était sale, vous ☐ ☐ le laveraient.
Si le vélo était sale, elles ☐

B. OBSERVE :

Ind. futur simple	Ind. imparfait	Ind. conditionnel présent
je chan**ter**ai tu chan**ter**as il chan**ter**a nous chan**ter**ons vous chan**ter**ez Ils chan**ter**ont	je chant**ais** tu chant**ais** il chant**ait** nous chant**ions** vous chant**iez** ils chant**aient**	je chan**terais** tu chan**terais** il chan**terait** nous chan**terions** vous chan**teriez** ils chan**teraient**

LE CONDITIONNEL SE FAIT AVEC LE FUTUR SIMPLE ET LES TERMINAISONS DE L'IMPARFAIT.

C. Relie ce qui va ensemble.

Si tu le rencontrais, tu ☐ ☐ le saluerait.
Si vous le rencontriez, vous ☐ ☐ le saluerais.
S'ils le rencontraient, ils ☐ ☐ le saluerions.
Si je le rencontrais, je ☐ ☐ le salueriez.
Si nous le rencontrions, nous ☐ ☐ le salueraient.
Si elle le rencontrait, elle ☐

CORRECTIFS

L'indicatif conditionnel présent (verbes en -ER)

D. Accorde le verbe entre parenthèses à l'indicatif conditionnel présent.

Si tu le voyais, tu *(admirer)* ....**admirerais**..... ce vieux château.
S'il le goûtait, il *(aimer)* ....**aimerait**......... ce chocolat.
Si j'avais froid, j' *(allumer)* ......**allumerais**..... le chauffage.
Si papa le demandait, vous *(arracher)* **arracheriez** les mauvaises herbes.
Si tu le rencontrais, tu *(bavarder)* ......**bavarderais**.. avec le voisin.
S'ils en avaient, ils *(casser)* ......**casseraient**.... des noisettes.
Si nous avions une tapette, nous *(chasser)* ...**chasserions** les mouches.
S'il avait perdu son bic, André le *(chercher)* ..**chercherait**......
S'il le fallait, nous *(se lever)* .....**nous lèverions**...... de bonne heure.
Si mon frère le demandait, je *(dessiner)* ....**dessinerais**..... un poisson.
S'il était plus vieux, le chêne *(donner)* ....**donnerait**......... des glands.
S'il faisait nuit, des lampes *(éclairer)* ....**éclaireraient**....... la rue.
Si nous étions à l'école, nous *(entrer)* ....**entrerions**........... en classe.
S'il y avait du vent, Lucas et Nathan *(fermer)* .**fermeraient** les fenêtres.
Si nous devions entrer, nous *(frapper)* ....**frapperions**..... à la porte.
S'il se sentait en danger, le serpent *(se glisser)* ......**se glisserait**.......... entre les pierres.
Si nous étions en ville, nous *(habiter)* ..**habiterions**.. un appartement.
Si j'avais mon anniversaire, j' *(inviter)* .....**inviterais**........ mes copains.
Si tu t'ennuyais, tu *(jouer)* .....**jouerais**............ aux cartes avec ton frère.
Si elles étaient sales, nous *(laver)* ....**laverions**........... les chaussures.
Si bébé pleurait, maman *(monter)* **monterait**.. l'escalier à toute allure.

L'indicatif conditionnel présent (verbes en -ER)

E. Accorde les verbes entre parenthèses à l'indicatif conditionnel présent.

Si ton travail était terminé, tu *(montrer)* **montrerais**........... ton cahier au professeur.
Si nous étions interprètes, nous *(parler)* **parlerions**.plusieurs langues.
Si c'était la fin de l'hiver, le jardinier *(planter)* .**planterait**.des arbres.
Si vous voyiez ces clowns, vous *(pleurer)* ....**pleureriez**...... de rire.
Si nous avions faim, nous *(préparer)* ......**préparerions**...... le repas.
S'il faisait beau, nous *(se promener)* **nous promènerions** dans le parc.
Si je connaissais la fin de l'histoire, je vous la *(raconter)* **raconterais**.
Si tout le monde avait terminé, il *(ramasser)* **ramasserait** les cahiers.
S'ils avaient un atlas, ils *(regarder)* ......**regarderaient**..... les cartes de géographie.
Si elle n'était pas cassée, la pendule *(sonner)* ..**sonnerait**.........toutes les heures.
Si vous alliez à la foire, vous *(tirer)* .....**tireriez**.............. à la carabine.
S'ils en voyaient, ils *(tuer)* ....**tueraient**......... les moustiques.
Si tu lançais le ballon, je l' (attraper) ..**l'attraperais**.............
Si vous aviez fait des courses, vous *(calculer)* ...**calculeriez**.........le prix de vos achats.
Si Sarah avait un chien, elle le *(caresser)* ....**caresserait**.......
Si nous avions l'album, nous *(coller)* ....**collerions**......... les images.
Si j'étais plus grand, je *(désirer)* ....**désirerais**..... un autre vélo.
S'il ne connaissait pas la réponse, il la *(deviner)* ..**devinerait**...........
Si nous donnions un os au chien, il le *(dévorer)* ..**dévorerait**...........

CORRECTIFS

L'indicatif conditionnel présent (verbes en -ER)

F. Accorde les verbes entre parenthèses à l'indicatif conditionnel présent.

Si j'avais un frère, je *(se disputer)* ......**me disputerais** rarement.
Si je devais faire de la panade, j'*(écraser)* ...**écraserais**... une banane.
S'il y avait un incendie, la fumée *(piquer)* .**piquerait**.........les yeux.
S'il y avait du vent, il *(gonfler)* ....**gonflerait**........ les voiles.
S'ils avaient de la fièvre, ils *(grelotter)* ...**grelotteraient**.........
Si nous cuisinions, nous *(parfumer)* .....**parfumerions**....... la viande avec du romarin.
Si on le lui demandait, Sophie *(réciter)* ......**réciterait**..... un poème.
Si j'étais en montagne, je *(marcher)* ....**marcherais**...... une heure.

G. Accorde les verbes à l'indicatif conditionnel présent.

a) Si tu voulais imprimer avec des feuilles d'arbres, tu *(verser)* **verserais**. de la gouache dans une vieille assiette et tu y *(tremper)* .**tremperais**.. une feuille d'arbre. Tu *(déposer)* ...**déposerais**...... cette feuille sur le papier ; tu la *(frotter)* ....**frotterais**.......... doucement de la main et ensuite tu la *(retirer)* ..**retirerais**............ .

b) Si vous vouliez imprimer avec des feuilles d'arbres, vous *(verser)* **verseriez** de la gouache dans une vieille assiette et vous y *(tremper)* **tremperiez** une feuille d'arbre. Vous *(déposer)* ..**déposeriez**...... cette feuille sur le papier ; vous la *(frotter)* .....**frotteriez**.......... doucement de la main et ensuite vous la *(retirer)* ...**retireriez**........... .

Verbes particuliers en -ER

1. Verbes en -GER (manger, bouger, voyager...)

OBSERVE :
je mange ; elle mangera ; nous mangions
nous man**ge**ons ; je man**ge**ais ; elle man**ge**a

Accorde les verbes entre parenthèses aux temps indiqués.

(ranger - ind. prés.) Tu ...**ranges**.................. tes jouets.
Nous ....**rangeons**....... nos jouets.
- ind. imparf.) Hier, elle ....**rangeait**........ ses jouets.
Hier, vous ...**rangiez**............ vos jouets.
- ind. pas. s.) Avant de partir; il ..**rangea**..... ses jouets.
Avant de partir, ils .**rangèrent** leurs jouets.
(corriger - ind. prés.) Pierre ...**corrige**................. la dictée.
Nous **corrigeons**........... la dictée.
- ind. imparf.) Je ....**corrigeais**........ la dictée.
Nous **corrigions**............ la dictée.
- ind. pas. s.) Il ....**corrigea**........... la dictée.
Les élèves ....**corrigèrent**.... la dictée.

2. Verbes en -CER (lancer, commencer, avancer...)

OBSERVE :
je lance ; elle lancera ; vous lanciez
nous lançons ; elles lançaient ; elle lança

Accorde les verbes entre parenthèses aux temps indiqués.

(avancer - ind. prés.) J' ......**avance**............... prudemment.
Nous ....**avançons**........ prudemment.
- ind. imparf.) Hier, elle ...**avançait**......... prudemment.
Hier, nous ...**avancions**... prudemment.
- ind. pas. s.) Il ......**avança**.............. prudemment.
Elles .....**avancèrent**...... prudemment.

CORRECTIFS

3. Verbes en -E..ER (acheter ; peler ; se lever ; mener..)

OBSERVE :

nous pelons - elle pela
tu pèles - je pèlerai - elles pelèrent

Accorde les verbes entre parenthèses aux temps indiqués.

(acheter -ind. prés.) Elle ....**achète**................ des oranges.
Vous ....**achetez**........... des oranges.
ind. imparf.) Nous ....**achetions**....... des oranges.
ind. pas. comp.) Vous ....**avez acheté**......... des oranges.
ind. fut. s.) J' ....**achèterai**....... des oranges.
ind. pas. s.) Il ....**acheta**............ des oranges.
Ils ......**achetèrent**..... des oranges.

(peser - ind. prés.) Elle ....**pèse**...................... les fruits récoltés.
Nous ..**pesons**................... les fruits récoltés.
ind. imparf) Le fermier .**pesait**............ les fruits récoltés.
ind. fut. s.) Nous ....**pèserons**......... les fruits récoltés.
ind. pas. comp.) Vous .....**avez pesé**......... les fruits récoltés.
ind. pas. s.) Il .....**pesa**..................... les fruits récoltés.
Ils ......**pesèrent**.......... les fruits récoltés.

(achever - ind. prés.) Elle ....**achève**............... le dessin.
Nous ..**achevons**........................ le dessin.
ind. imparf) Elle ....**achevait**..... le dessin.
ind. fut. s.) Vous ....**achèverez**...... le dessin.
ind. pas. comp.) Tu ....**as achevé**..... le dessin.
ind. pas. s.) Il ....**acheva**.............. le dessin.
Ils ......**achevèrent**.... le dessin.

4. Les verbes APPELER et JETER

OBSERVE :

j'appelle ; elle appellera ; je jette ; elle jettera	nous appelons ; elle a appelé vous jetez ; nous avons jeté ; il jeta

Accorde les verbes entre parenthèses aux temps indiqués.

(appeler - ind. prés.) Tu ....**appelles**.......... le médecin.
Elle ....**appelle**............. le médecin.
Vous ....**appelez**........... le médecin.
ind. imparf.) Tu ......**appelais**.............. le médecin.
Vous ....**appeliez**........... le médecin.
ind. fut. s.) J' ....**appellerai**...... le médecin.
Nous .....**appellerons**..... le médecin.
pas. comp.) Ils .....**ont appelé**........ le médecin.
ind. pas. s.) Il ....**appela**.............. le médecin.
Ils ...**appelèrent**......... le médecin.

(jeter - ind. prés.) Je ....**jette**............. les os dans la poubelle.
Nous .....**jetons**............ les os dans la poubelle.
Elles ....**jettent**....... les os dans la poubelle.
ind. imparf.) Tu ....**jetais**............... les os dans la poubelle.
Vous ....**jetiez**........... les os dans la poubelle.
ind. fut. s.) Il ....**jettera**........ les os dans la poubelle.
Vous ......**jetterez**........ les os dans la poubelle.
ind. pas. comp.) Nous ....**avons jeté**.... les os dans la poubelle.
ind. pas. s.) Il ....**jeta**...................... les os dans la poubelle.
Ils ....**jetèrent**............ les os dans la poubelle.

CORRECTIFS

5. Les verbes en -ier, - ...iller (crier, habiller, travailler...)

OBSERVE :

Ind. prés. : nous crions, vous travaillez	Ind. impارf. : nous criions, vous travailliez

Accorde les verbes entre parenthèses aux temps indiqués.

(étudier - ind. prés.) Nous **étudions** la leçon.
Vous **étudiez** la leçon.
ind. imparf.) Nous **étudiions** la leçon.
Vous **étudiiez** la leçon.
ind. fut. s.) Nous **étudierons** la leçon.
pas. comp.) Nous **avons étudié** la leçon.
ind. pas. s.) Il **étudia** la leçon.

(réveiller - ind. prés.) Nous **réveillons** le chat.
Vous **réveillez** le chat.
ind. imparf.) Nous **réveillions** le chat.
Vous **réveilliez** le chat.
ind. fut. s.) Elle **réveillera** le chat.
ind. pas. s.) Il **réveilla** le chat.

(trier - ind. prés.) Nous **trions** les déchets.
Vous **triez** les déchets.
ind. imparf.) Nous **triions** les déchets.
Vous **triiez** les déchets.
Elles **triaient** les déchets.
ind. fut. s.) Je **trierai** les déchets.
ind. pas. s.) Elles **trièrent** les déchets.

Les verbes comme FINIR

A. Relie ce qui va ensemble.

Je — finis le travail.
Tu — finis le travail.
Il/Elle — finit le travail. / finissait le travail. / finira le travail.
Nous — finissions le travail.
Vous — avez fini le travail.
Ils/Elles — finissent le travail. / finirent le travail.

B. Accorde les verbes entre parenthèses aux temps indiqués.

(choisir - ind. prés.) Je **choisis** un livre.
Vous **choisissez** un livre.
ind. imparf.) Elle **choisissait** un livre.
ind. fut. s.) Je **choisirai** un livre.
ind. cond. prés.) Il **choisirait** un livre.
pas. comp.) Tu **as choisi** un livre.
ind. pas. s.) Il **choisit** un livre.
Elles **choisirent** un livre.

(remplir - ind. prés.) Tu **remplis** le seau.
Elles **remplissent** le seau.
ind. imparf.) Je **remplissais** le seau.
ind. fut. s.) Nous **remplirons** le seau.
ind. cond. prés.) Il **remplirait** le seau.
pas. comp.) Tu **as rempli** le seau.
ind. pas. s.) Il **remplit** le seau.

CORRECTIFS

Le verbe ALLER

A. Relie ce qui va ensemble.

- J'
- Tu
- Elle
- Nous
- Vous
- Elles

- irai promener.
- alla promener.
- vont promener.
- vas promener.
- allez promener.
- allions promener.
- allèrent promener.
- iront promener.

B. Accorde le verbe ALLER aux temps indiqués.

ind. prés. :
Je ...**vais**... chez un ami.
Elle ...**va**... chez une amie.
Nous ...**allons**... chez un ami.
Ils ...**vont**... chez un ami.

ind. imparf. :
J'...**allais**... chez un ami.
Vous ...**alliez**... chez un ami.

ind. fut. s. :
Tu ...**iras**... chez un ami.
Elles ...**iront**... chez un ami.

ind. cond. prés. :
Elle ...**irait**... chez un ami.
Vous ...**iriez**... chez un ami.

ind. pas. comp. :
Je ...**suis allé(e)** chez un ami.
Elle ...**est allée**... chez un ami.
Ils ...**sont allés**... chez un ami.

ind. pas. s. :
Il ...**alla**... chez un ami.
Elles ...**allèrent**... chez une amie.

Le verbe FAIRE

A. Relie ce qui va ensemble.

- Je
- Tu
- Elle
- Nous
- Vous
- Elles

- fait un château de sable.
- faisions un château de sable.
- faites un château de sable.
- font un château de sable.
- ferai un château de sable.
- fit un château de sable.
- as fait un château de sable.
- firent un château de sable.

B. Accorde le verbe FAIRE aux temps indiqués.

ind. prés. :
Je ...**fais**... du cacao.
Nous ...**faisons**... du cacao.
Vous ...**faites**... du cacao.
Ils ...**font**... du cacao.

ind. imparf. :
Tu ...**faisais**... du cacao.
Vous ...**faisiez**... du cacao.

ind. fut. s. :
Il ...**fera**... du cacao.
Vous ...**ferez**... du cacao.

ind. cond. prés. :
Nous ...**ferions**... du cacao.
Elles ...**feraient**... du cacao.

ind. pas. comp. :
Elle ...**a fait**... du cacao.
Vous ...**avez fait**... du cacao.

ind. pas. s. :
Il ...**fit**... du cacao.
Elles...**firent**... du cacao.

CORRECTIFS

Le verbe BOIRE

A. Relie ce qui va ensemble.

Je	buvais du thé.
Tu	boit du thé.
Elle	buvons du thé.
Nous	but du thé.
Vous	boivent du thé.
Elles	boirez du thé.

B. Accorde le verbe BOIRE aux temps indiqués.

bois

ind. prés. : Tu ......**buvez**...................... un jus de fruits.
Vous ....**boivent**.......... un jus de fruits.
Elles ....**buvais**..................... un jus de fruits.

ind. imparf. : Je ....**boira**............... un jus de fruits.

ind. fut. s. : Nadine ....**boiriez**........... un jus de fruits.

ind. cond. prés. : Vous ....**as bu**.............. un jus de fruits.

ind. pas. comp. : Tu ....**but**...................... un jus de fruits.

ind. pas. s. : Il ....**burent**........... un jus de fruits.
Ils .... un jus de fruits.

Le verbe COURIR

A. Relie ce qui va ensemble.

Je	courra dans le bois.
Tu	coururent dans le bois.
Elle	courais dans le bois.
Nous	courrons dans le bois.
Vous	courons dans le bois.
Elles	avez couru dans le bois.

B. Accorde le verbe COURIR aux temps indiqués.

ind. prés. : Je ne ......**cours**.................. pas dans le corridor.
Vous ne ....**courez**.................................. pas dans le corridor.
Ils ne ....**courent**..... pas dans le corridor.

ind. imparf. : Nous ne ....**courions**.............. pas dans le corridor.

ind. fut. s. : Vous ne ....**courrez**...... pas dans le corridor.

ind. cond. prés. : Nous ne ....**courrions** pas dans le corridor.

ind. pas. comp. : Tu n'**as**.... pas **couru**............. dans le corridor.

ind. pas. s. : Il ne ....**courut**......... pas dans le corridor.
Ils ne ....**coururent** pas dans le corridor.

CORRECTIFS

Les verbes SENTIR, SORTIR, PARTIR

A. Relie ce qui va ensemble.

Je	partions en train.
Tu	partirai en train.
Elle	pars en train.
Nous	partez en train.
Vous	partirent en train
Elles	est partie en train.

B. Accorde le verbe SENTIR aux temps indiqués.

ind. prés. :	Je ....**sens**.......... le parfum du lilas.
	Nous ....**sentons**.......... le parfum du lilas.
ind. imparf. :	Tu ....**sentais**.......... le parfum du lilas.
ind. fut. s. :	Elle ....**sentira**.......... le parfum du lilas.
ind. cond. prés. :	Vous ....**sentiriez**.......... le parfum du lilas.
ind. pas. comp. :	Nous ...**avons senti**........ le parfum du lilas.
ind. pas. s. :	Ils ....**sentirent**.......... le parfum du lilas.

Le verbe DORMIR

A. Relie ce qui va ensemble.

Je	dormions la fenêtre ouverte.
Tu	dormirai la fenêtre ouverte.
Elle	as dormi la fenêtre ouverte.
Nous	dormit la fenêtre ouverte.
Vous	dorment la fenêtre ouverte.
Elles	dormiriez la fenêtre ouverte.

B. Accorde le verbe DORMIR aux temps indiqués.

ind. prés. :	Elle .....**dort**.......... dans son nouveau lit.
	Vous .....**dormez**...... dans votre nouveau lit.
ind. imparf. :	Je ....**dormais**...... dans mon nouveau lit.
ind. fut. s. :	Nous ...**dormirons**...dans notre nouveau lit.
ind. cond. prés. :	Il ....**dormirait**.... dans son nouveau lit.
ind. pas. comp. :	Tu ....**as dormi**......... dans ton nouveau lit.
ind. pas. s. :	Il ....**dormit**.......... dans son nouveau lit.
	Elles .....**dormirent**... dans leur nouveau lit.

CORRECTIFS

Les verbes COUVRIR, OFFRIR, SOUFFRIR, OUVRIR

A. Relie ce qui va ensemble.

Je	couvriez les cahiers.
Tu	couvre les cahiers.
Elle	as couvert les cahiers.
Nous	couvriraient les cahiers.
Vous	couvrit les cahiers.
Elles	couvririons les cahiers.

B. Accorde les verbes entre parenthèses aux temps indiqués.

(offrir - ind. prés.) : Papa ...**offre**... un sac à maman.
Nous ...**offrons**... un sac à maman.
(offrir - ind. imparf.) : Vous ...**offriez**... un sac à maman.
(offrir - ind. fut. s.) : J' ...**offrirai**... un sac à maman.
(découvrir - ind. cond. prés.) : Il ...**découvrirait**... un trésor.
(ouvrir - ind. pas. comp.) : Tu ...**as ouvert**... le tiroir.
(ouvrir - ind. pas. s.) : Il ...**ouvrit**... le tiroir.
Ils ...**ouvrirent**... le tiroir.

Les verbes VENIR, TENIR

A. Relie ce qui va ensemble.

Je	viendrais à la maison.
Tu	venait à la maison.
Elle	viendrai à la maison.
Nous	êtes venus à la maison.
Vous	venons à la maison.
Elles	vinrent à la maison.

B. Accorde les verbes entre parenthèses aux temps indiqués.

(tenir - ind. prés.) : Il ...**tient**... la porte.
Elles ...**tiennent**... la porte.
(tenir - ind. imparf.) : Je ...**tenais**... la porte.
(tenir - ind. fut. s.) : Nous ...**tiendrons**... la porte.
(venir - ind. cond. prés.) : Vous ...**viendriez**... à vélo.
(venir - ind. pas. comp.) : Elle ...**est venue**... à vélo.
Ils ...**sont venus**... à vélo.
(venir - ind. pas. s.) : Il ...**vint**... à vélo.
Elles ...**vinrent**... à vélo.

CORRECTIFS

Le verbe DIRE

A. Relie ce qui va ensemble.

J'	ai dit la vérité.
Tu	diras la vérité.
Elle	disait la vérité.
Nous	dirions la vérité.
Vous	dites la vérité.
Elles	dirent la vérité.

B. Accorde le verbe DIRE aux temps indiqués.

ind. prés. :	Elle **dit** bonjour poliment.
	Vous **dites** bonjour poliment.
ind. imparf. :	Ils **disaient** bonjour poliment.
ind. fut. s. :	Je **dirai** bonjour poliment.
ind. cond. prés. :	Nous **dirions** bonjour poliment.
ind. pas. comp. :	J' **ai dit** bonjour poliment.
ind. pas. s. :	Il **dit** bonjour poliment.
	Ils **dirent** bonjour poliment.

Le verbe LIRE

A. Relie ce qui va ensemble.

Je	lirai un livre intéressant.
Tu	
Elle	lisait un livre intéressant.
Nous	avons lu un livre intéressant.
Nous	lirions un livre intéressant.
Vous	lisez un livre intéressant.
Elles	lurent un livre intéressant.

B. Accorde le verbe LIRE aux temps indiqués.

ind. prés. :	Je **lis** le journal.
	Vous **lisez** le journal.
ind. imparf. :	Nous **lisions** le journal.
ind. fut. s. :	Elle **lira** le journal.
ind. cond. prés. :	Elles **liraient** le journal.
ind. pas. comp. :	Tu **as lu** le journal.
ind. pas. s. :	Il **lut** le journal.
	Ils **lurent** le journal.

CORRECTIFS

Les verbes RIRE, SOURIRE

A. Relie ce qui va ensemble.

Je	souriraís à la personne âgée.
Tu	sourions à la personne âgée.
Elle	sourirai à la personne âgée.
Nous	souriiez à la personne âgée.
Vous	sourirent à la personne âgée.
Elles	a souri à la personne âgée.

B. Accorde le verbe RIRE aux temps indiqués.

ind. prés. :	Tu ....**ris**.... des clowns.
	Vous ....**riez**.... des clowns.
ind. imparf. :	Nous ....**riions**.... des clowns.
ind. fut. s. :	Vous ....**rirez**.... des clowns.
ind. cond. prés. :	Je ....**rirais**.... des clowns.
ind. pas. comp. :	Nous ....**avons ri**.... des clowns.
ind. pas. s. :	Elle ....**rit**.... des clowns.
	Elles ....**rirent**.... des clowns.

Les verbes CUIRE (CONDUIRE, INSTRUIRE, TRADUIRE...)

A. Relie ce qui va ensemble.

Je	cuiriez des brochettes.
Tu	cuirai des brochettes.
Elle	cuisit des brochettes.
Nous	cuisions des brochettes.
Vous	cuisent des brochettes.
Elles	as cuit des brochettes.

B. Accorde le verbe CONDUIRE aux temps indiqués.

ind. prés. :	Je ....**conduis**.... la voiture.
	Vous ....**conduisez**.... la voiture.
ind. imparf. :	Elle ....**conduisait**.... la voiture.
ind. fut. s. :	Nous ....**conduirons**.... la voiture.
ind. cond. prés. :	Tu ....**conduirais**.... la voiture.
ind. pas. comp. :	Vous ....**avez conduit**.... la voiture.
ind. pas. s. :	Il ....**conduisit**.... la voiture.
	Elles ....**conduisirent**.... la voiture.

CORRECTIFS

Le verbe DEVOIR

A. Relie ce qui va ensemble.

Je	dut arroser les plantes.
Tu	devrai arroser les plantes.
Elle	devez arroser les plantes.
Nous	devrais arroser les plantes.
Vous	ont dû arroser les plantes.
Elles	devrions arroser les plantes.

B. Accorde le verbe DEVOIR aux temps indiqués.

ind. prés. :	Je ......**dois**...... compléter le texte.
	Tu ......**dois**...... compléter le texte.
	Vous ......**devez**...... compléter le texte.
ind. imparf. :	Il ......**devait**...... compléter le texte.
ind. fut. s. :	Nous ......**devrons**...... compléter le texte.
ind. cond. prés. :	Vous ......**devriez**...... compléter le texte.
ind. pas. comp. :	Elles ......**ont dû**...... compléter le texte.
ind. pas. s. :	Il ......**dut**...... compléter le texte.
	Elles ......**durent**...... compléter le texte.

Le verbe VOIR

A. Relie ce qui va ensemble.

Je	verriez le lever du soleil.
Tu	vois le lever du soleil.
Elle	verra le lever du soleil.
Nous	virent le lever du soleil.
Vous	voyons le lever du soleil.
Elles	as vu le lever du soleil.

B. Accorde le verbe VOIR aux temps indiqués.

ind. prés. :	Nous ......**voyons**...... atterrir les avions.
	Je ......**vois**...... atterrir les avions.
ind. imparf. :	Vous ......**voyiez**...... atterrir les avions.
ind. fut. s. :	Tu ......**verras**...... atterrir les avions.
ind. cond. prés. :	Il ......**verrait**...... atterrir les avions.
ind. pas. comp. :	Nous ......**avons vu**...... atterrir les avions.
ind. pas. s. :	Il ......**vit**...... atterrir les avions.
	Elles ......**virent**...... atterrir les avions.

CORRECTIFS

Le verbe POUVOIR

A. Relie ce qui va ensemble.

Je	pourrai acheter un GSM.
Tu	pouvions acheter un GSM.
Elle	peux acheter un GSM.
Nous	a pu acheter un GSM.
Vous	purent acheter un GSM.
Elles	pourriez acheter un GSM.

B. Accorde le verbe POUVOIR aux temps indiqués.

ind. prés. :	Tu .....**peux**..................... inviter des amis.
	Vous ..**pouvez**................... inviter des amis.
ind. imparf. :	Nous ...**pouvions**............ inviter des amis.
ind. fut. s. :	Il ....**pourra**............ inviter des amis.
ind. cond. prés. :	Je ....**pourrais**............. inviter des amis.
ind. pas. comp. :	Vous ....**avez pu**............... inviter des amis.
ind. pas. s. :	Il ....**put**..................... inviter des amis.
	Elles .....**purent**................ inviter des amis.

Le verbe VOULOIR

A. Relie ce qui va ensemble.

J'	vouliez remercier un ami.
Tu	voudrait remercier un ami.
Elle	voudras remercier un ami.
Nous	voulons remercier un ami.
Vous	voulurent remercier un ami.
Elles	ai voulu remercier un ami.

B. Accorde le verbe VOULOIR aux temps indiqués.

ind. prés. :	Elle .....**veut**........................ essayer le vélo.
	Vous .....**voulez**.................. essayer le vélo.
ind. imparf. :	Je ....**voulais**......... essayer le vélo.
ind. fut. s. :	Nous .....**voudrons**........... essayer le vélo.
ind. cond. prés. :	Nous ....**voudrions**............ essayer le vélo.
ind. pas. comp. :	Tu ....**as voulu**.......... essayer le vélo.
ind. pas. s. :	Il ....**voulut**............. essayer le vélo.
	Ils ....**voulurent**..... essayer le vélo.

CORRECTIFS

Le verbe SAVOIR

A. Relie ce qui va ensemble.

Je	sut lire cette brochure.
Tu	saurai lire cette brochure.
Elle	saviez lire cette brochure.
Nous	as su lire cette brochure.
Vous	sauraient lire cette brochure.
Elles	savions lire cette brochure.

B. Accorde le verbe SAVOIR aux temps indiqués.

ind. prés. :	Tu **sais** préparer le dessert.
	Elles **savent** préparer le dessert.
ind. imparf. :	Je **savais** préparer le dessert.
ind. fut. s. :	Vous **saurez** préparer le dessert.
ind. cond. prés. :	Nous **saurions** préparer le dessert.
ind. pas. comp. :	Tu **as su** préparer le dessert.
ind. pas. s. :	Elle **sut** préparer le dessert.
	Elles **surent** préparer le dessert.

Le verbe BOIRE

A. Relie ce qui va ensemble.

Je	buvons un chocolat chaud.
Tu	a bu un chocolat chaud.
Elle	but un chocolat chaud.
Nous	buvais un chocolat chaud.
Vous	boiraient un chocolat chaud.
Elles	boirez un chocolat chaud.

B. Accorde le verbe BOIRE aux temps indiqués.

ind. prés. :	Tu **bois** de l'eau fraiche.
	Vous **buvez** de l'eau fraiche.
ind. imparf. :	Nous **buvions** de l'eau fraiche.
ind. fut. s. :	Elles **boiront** de l'eau fraiche.
ind. cond. prés. :	Je **boirais** de l'eau fraiche.
ind. pas. comp. :	J' **ai bu** de l'eau fraiche.
ind. pas. s. :	Il **but** de l'eau fraiche.
	Elles **burent** de l'eau fraiche.

CORRECTIFS

Le verbe CROIRE

A. Relie ce qui va ensemble.

Je	as cru le professeur.
Tu	croyons le professeur.
Elle	croyiez le professeur.
Nous	crut le professeur.
Vous	croient le professeur.
Elles	croiront le professeur.
	croirais le professeur.

B. Accorde le verbe CROIRE aux temps indiqués.

ind. prés. : Je ......**crois**............... ce que l'historien raconte.
Vous ......**croyez**............ ce que l'historien raconte.
ind. imparf. : Nous ......**croyions**...... ce que l'historien racontait.
ind. fut. s. : Tu ......**croiras**......... ce que l'historien racontera.
ind. cond. prés. : Il ......**croirait**....... ce que l'historien raconterait.
ind. pas. comp. : Tu ......**as cru**.......... ce que l'historien a raconté.
ind. pas. s. : Elle ......**crut**.................. ce que l'historien raconta.
Elles ......**crurent**........ ce que l'historien raconta.

Les verbes comme PRENDRE, (APPRENDRE, COMPRENDRE...)

OBSERVE :

je prends, tu apprends, il comprend.

RETIENS :

Les verbes « prendre » gardent le « d » muet.

A. Relie ce qui va ensemble.

Je	prenons un médicament.
Elle	prenais un médicament.
	prend un médicament.
Nous	prirent un médicament.
Elles	prendrons un médicament.

B. Accorde le verbe APPRENDRE aux temps indiqués.

ind. prés. : Elle ......**apprend**............ une langue étrangère.
Elles ......**apprennent**.......... une langue étrangère.
ind. imparf. : J' ......**apprenais**......... une langue étrangère.
ind. fut. s. : Vous ......**apprendrez**.......... une langue étrangère.
ind. cond. prés. : Tu ......**apprendrais**.......... une langue étrangère.
ind. pas. comp. : Il ......**a appris**............ une langue étrangère.
ind. pas. s. : Ils ......**apprirent**............ une langue étrangère.

CORRECTIFS

Les verbes en -DRE (PERDRE, VENDRE, ENTENDRE, RÉPONDRE, TORDRE...)

OBSERVE :

Nous vendons Nous répondons Nous perdons Ils mordent	➪ ➪ ➪ ➪	Je vends Je réponds Il perd Il mord
J'entends «d»	➪	on garde le «d»

A. Relie ce qui va ensemble.

Je ☐ — ☐ perds.
Elle ☐ — ☐ vend.
Nous ☐ — ☐ vendons.
☐ entend.
☐ descends.

B. Accorde les verbes aux temps indiqués.

(répondre - ind. prés.) : Je ....**réponds**....... au téléphone.
(pondre - ind. prés.) : Les oiseaux ....**pondent**.... des œufs.
(tondre - ind. prés.) : Il ....**tond**............... la pelouse.
(tordre - ind. prés.) : Tu ....**tords**............... l'essui.
(perdre - ind. prés.) : Vous ....**perdez**........ votre mouchoir.
(mordre - ind. prés.) : Le chien ....**mord**........................ .
(vendre - ind. imparf.) : Nous ....**vendions**....... des chocolats.
(descendre - ind. fut. s.) : Tu ....**descendras**......... l'escalier.
(prendre - ind. cond. prés.) : Vous ....**prendriez**.......... le métro.
(entendre - ind. pas. comp.) : Elle ....**a entendu**..... sonner.
(vendre - ind. pas. s.) : Elle ....**vendit**............ sa récolte.
(attendre - ind. pas. s.) : Ils .**attendirent**.. la suite de l'histoire.

Le verbe COUDRE

RETIENS :

nous cou**s**ons **MAIS** : je cou**ds** - elle cou**d**
Ce verbe n'obéit pas à la règle des verbes en -dre.

A. Relie ce qui va ensemble.

Je ☐ — ☐ coudrons une poche.
Tu ☐ — ☐ ont cousu une poche.
Elle ☐ — ☐ couds une poche.
Nous ☐ — ☐ cousirent une poche.
Vous ☐ — ☐ cousait une poche.
Elles ☐ — ☐ coudriez une poche.

B. Accorde le verbe COUDRE aux temps indiqués.

ind. prés. : Maman ....**coud**.................... un bouton.
ind. imparf. : Maman ....**cousait**.............. un bouton.
ind. fut. s. : Maman ....**coudra**.............. un bouton.
ind. cond. prés. : Maman ....**coudrait**.......... un bouton.
ind. pas. comp. : Maman ....**a cousu**............ un bouton.
ind. pas. s. : Maman ....**cousit**.............. un bouton.

CORRECTIFS

Le verbe METTRE (PERMETTRE...)

A. Relie ce qui va ensemble.

Je	mettions le cadre au mur.
Tu	mets le cadre au mur.
Elle	avez mis le cadre au mur.
Nous	met le cadre au mur.
Vous	mirent le cadre au mur.
Elles	mettra le cadre au mur.

B. Accorde le verbe METTRE aux temps indiqués.

ind. prés. : Elle ...**met**.................... un nouveau blouson.
Vous ..**mettez**.............. un nouveau blouson.
Ils ....**mettent**...... un nouveau blouson.

ind. imparf. : Tu ....**mettais**........ un nouveau blouson.

ind. fut. s. : Nous .....**mettrons**...... un nouveau blouson.

ind. cond. prés. : Ils ...**mettraient**..... un nouveau blouson.

ind. pas. comp. : J' ....**ai mis**......... un nouveau blouson.

ind. pas. s. : Elle ....**mit**............... un nouveau blouson.

Le verbe BATTRE

A. Relie ce qui va ensemble.

Je	battras les œufs en neige.
Tu	battait les œufs en neige.
Elle	battriez les œufs en neige.
Nous	bats les œufs en neige.
Vous	battrons les œufs en neige.
Elles	battirent les œufs en neige.

B. Accorde le verbe BATTRE aux temps indiqués.

ind. prés. : Elle ...**bat**................. les œufs en neige.
Elles ....**battent**........ les œufs en neige.

ind. imparf. : Vous ....**battiez**..... les œufs en neige.

ind. fut. s. : Je ....**battrai**....... les œufs en neige.

ind. cond. prés. : Tu .....**battrais**...... les œufs en neige.

ind. pas. comp. : Nous ..**avons battu** les œufs en neige.

ind. pas. s. : Il ....**battit**........ les œufs en neige.
Elles ....**battirent**.... les œufs en neige.

CORRECTIFS

Le verbe CONNAITRE

A. Relie ce qui va ensemble.

Je	connaitra cette chanson.
Tu	connaitrai cette chanson.
Elle	as connu cette chanson.
Nous	connurent cette chanson.
Vous	connaissions cette chanson.
Elles	connaissez cette chanson.

B. Accorde le verbe CONNAITRE aux temps indiqués.

ind. prés. :	Il ....**connait**.... cette personne.
	Vous ....**connaissez**.... cette personne.
ind. imparf. :	Nous ....**connaissions**.... cette personne.
ind. fut. s. :	Je ....**connaitrai**.... cette personne.
ind. cond. prés. :	Elle ....**connaitrait**.... cette personne.
ind. pas. comp. :	Vous ....**avons connu**.... cette personne.
ind. pas. s. :	Elle ....**connut**.... cette personne.
	Elles ....**connurent**.... cette personne.

Le verbe PLEUVOIR

Accorde le verbe PLEUVOIR aux temps indiqués.

ind. prés. :	Il ....**pleut**.... .
ind. imparf. :	Il ....**pleuvait**.... .
ind. fut. s. :	Il ....**pleuvra**.... .
ind. cond. prés. :	Il ....**pleuvrait**.... .
ind. pas. comp. :	Il ....**a plu**.... .
ind. pas. s. :	Il ....**plut**.... .

CORRECTIFS

DES VARIATIONS

A. Ajoute les terminaisons aux verbes à l'indicatif présent.

Pour faire des boutures de géranium, tu coup..**es**.. une tige sans fleur juste au-dessus de deux ou trois feuilles. Tu rempl.**is**.... un pot de terreau ; tu enfonc.**es**.... un crayon pour faire un trou. Tu plac.**es**... la bouture au milieu du pot. Tu rebouch.**es**.. le trou. Enfin, tu arros.**es**.. .

B. Ajoute les terminaisons aux verbes à l'indicatif présent.

Pour faire des boutures de géranium, nous coup.**ons**.. une tige sans fleur juste au-dessus de deux ou trois feuilles. Nous rempl**issons** un pot de terreau ; nous enfon**çons**.. un crayon pour faire un trou. Nous plaç.**ons**... la bouture au milieu du pot. Nous rebouch..**ons**. le trou. Enfin, nous arros**ons**..... .

C. Explique à tes amis comment ils doivent faire. (Impératif présent, 2 PP)

Si vous voulez faire des boutures de géranium, coup..**ez**... une tige sans fleur juste au-dessus de deux ou trois feuilles. Rempl**issez** un pot de terreau ; enfonc.**ez**.... un crayon pour faire un trou. Plac.**ez**... la bouture au milieu du pot. Rebouch.**ez**... le trou. Enfin, arros.**ez**... .

D. Explique comment tu as fait. (Indicatif pas. composé)

Pour faire des boutures de géranium, j'ai coup.**é**.... une tige sans fleur juste au-dessus de deux ou trois feuilles. J' **ai**.... rempl.**i**..... un pot de terreau ; j'**ai**.. enfonc**é**...... un crayon pour faire un trou. J'.**ai**.. plac**é**..... la bouture au milieu du pot. J'.**ai**... rebouch..**é**... le trou. Enfin, j'..**ai**..... arros.**é**.... .

E. Explique à tes amis ce que nous ferons. (Ind. futur simple)

Pour faire des boutures de géranium, nous coup**erons** une tige sans fleur juste au-dessus de deux ou trois feuilles. Nous rempl.**irons**.. un pot de terreau ; nous enfonc.**erons**. un crayon pour faire un trou. Nous plac.**erons** la bouture au milieu du pot. Nous rebouch**erons**. le trou. Enfin, nous arros..**erons** .

Brassage des verbes et des temps

A. Accorde le verbe aux temps indiqués.

ÊTRE

ind. présent :

Je ....**suis**............... près du lac.
Tu ....**es**....................... près du lac.
Nous ..**sommes**......... près du lac.
Vous ...**êtes**.................... près du lac.

ind. imparfait :

Tu ....**étais**.............. près du lac.
Vous ...**étiez**................. près du lac.

ind. fut. s. :

Tu ....**seras**............. près du lac.
Elles ...**seront**............ près du lac.

ind. pas. s. :

Il ....**fut**................. près du lac.
Elles ...**furent**............ près du lac.

ind. pas. comp. :

Tu ....**as été**........... près du lac.
Nous ..**avons été**...... près du lac.

ind. cond. prés. :

Je ....**serais**........... près du lac.
Vous ...**seriez**.............. près du lac.

impératif prés. :

2ᵉ pers. sing. : ......**Sois**............... près du lac.
1ère pers. plur. : ....**Soyons**....... près du lac.
2ᵉ pers. plur. : ......**Soyez**........... près du lac.

CORRECTIFS

Brassage des verbes et des temps

B. Accorde le verbe aux temps indiqués.

AVOIR

ind. présent :

J' ……**ai**…… de la force.
Tu ……**as**…… de la force.
Nous ……**avons**…… de la force.
Vous ……**avez**…… de la force.

ind. imparfait :

Tu ……**avais**…… de la force.
Elles ……**avaient**…… de la force.

ind. fut. s. :

J' ……**aurai**…… de la force.
Nous ……**aurons**…… de la force.

ind. pas. s. :

Elle ……**eut**…… de la force.
Ils ……**eurent**…… de la force.

ind. pas. comp. :

Tu ……**as eu**…… de la force.
Vous ……**avez eu**…… de la force.

ind. cond. prés. :

Elle ……**aurait**…… de la force.
Nous ……**aurions**…… de la force.

impératif prés. :

2e pers. sing. : ……**Aie**…… de la force.
1ère pers. plur. : ……**Ayons**… de la force.
2e pers. plur. : ……**Ayez**…… de la force.

Brassage des verbes et des temps

C. Accorde le verbe aux temps indiqués.

FAIRE

ind. présent :

Je ……**fais**…… une promenade.
Il ……**fait**…… une promenade.
Nous ……**faisons**…… une promenade.
Vous ……**faites**…… une promenade.

ind. imparfait :

Tu ……**faisais**…… une promenade.
Vous ……**faisiez**…… une promenade.

ind. fut. s. :

Je ……**ferai**…… une promenade.
Elles ……**feront**…… une promenade.

ind. pas. s. :

Il ……**fit**…… une promenade.
Elles ……**firent**…… une promenade.

ind. pas. comp. :

Tu ……**as fait**…… une promenade.
Nous ……**avons fait**…… une promenade.

ind. cond. prés. :

Je ……**ferais**…… une promenade.
Ils ……**feraient**…… une promenade.

impératif prés. :

2e pers. sing. : ……**fais**…… une promenade.
1ère pers. plur. : ……**faisons**…… une promenade.
2e pers. plur. : ……**faites**…… une promenade.

CORRECTIFS

Brassage des verbes et des temps

D. Accorde le verbe aux temps indiqués.

ALLER

ind. présent :

Je ......**vais**...................... en voyage.
Tu ......**vas**...................... en voyage.
Nous ..**allons**..................... en voyage.
Ils ......**vont**...................... en voyage.

ind. imparfait :

J' ......**allais**..................... en voyage.
Nous ..**allions**..................... en voyage.

ind. fut. s. :

J' ......**irai**...................... en voyage.
Vous ..**irez**...................... en voyage.

ind. pas. s. :

Elle ....**alla**...................... en voyage.
Ils ......**allèrent**.............. en voyage.

ind. pas. comp. :

Tu ......**es allé/ée**........... en voyage.
Vous ..**êtes allés/ées**...... en voyage.

ind. cond. prés. :

Tu ......**irais**...................... en voyage.
Nous ..**irions**..................... en voyage.

impératif prés. :

2e pers. sing. : ....**Va**.................... en voyage.
1ère pers. plur. : ....**Allons**......... en voyage.
2e pers. plur. : ....**Allez**............ en voyage.

Brassage des verbes et des temps

E. Accorde le verbe aux temps indiqués.

VOIR

ind. présent :

Je ......**vois**...................... un gros nuage.
Tu ......**vois**...................... un gros nuage.
Nous ..**voyons**..................... un gros nuage.
Vous ..**voyez**...................... un gros nuage.

ind. imparfait :

Elle ....**voyait**..................... un gros nuage.
Vous ..**voyiez**..................... un gros nuage.

ind. fut. s. :

Tu ......**verras**...................... un gros nuage.
Nous ..**verrons**..................... un gros nuage.

ind. pas. s. :

Il ......**vit**...................... un gros nuage.
Elles ..**virent**...................... un gros nuage.

ind. pas. comp. :

Tu ....**as vu**.............. un gros nuage.
Vous ....**avez vu**.......... un gros nuage.

ind. cond. prés. :

Je ......**verrais**...................... un gros nuage.
Elles ..**verraient**.................. un gros nuage.

impératif prés. :

2e pers. sing. : ....**Vois**.................... un gros nuage.
1ère pers. plur. : ....**Voyons**......... un gros nuage.
2e pers. plur. : ....**Voyez**............ un gros nuage.

Brassage des verbes et des temps

F. Accorde le verbe aux temps indiqués.

ACHEVER

ind. présent :

J' ....**achève**........ l'affiche.
Tu ....**achèves**........ l'affiche.
Nous ....**achevons**........ l'affiche.
Vous ....**achevez**........ l'affiche.

ind. imparfait :

Elle ....**achevait**........ l'affiche.
Ils ....**achevaient**........ l'affiche.

ind. fut. s. :

Tu ....**achèveras**........ l'affiche.
Vous ....**achèverez**........ l'affiche.

ind. pas. s. :

Elle ....**acheva**........ l'affiche.
Ils ....**achevèrent**........ l'affiche.

ind. pas. comp. :

J' ....**ai achevé**........ l'affiche.
Elles ....**ont achevé**........ l'affiche.

ind. cond. prés. :

Elle ....**achèverait**........ l'affiche.
Nous ....**achèverions**........ l'affiche.

impératif prés. :

2e pers. sing. : ....**Achève**........ l'affiche.
1ère pers. plur. : ....**Achevons**........ l'affiche
2e pers. plur. : ....**Achevez**........ l'affiche.

Brassage des verbes et des temps

G. Accorde le verbe aux temps indiqués.

APPELER

ind. présent :

J' ....**appelle**........ le chien.
Tu ....**appelles**........ le chien.
Nous ....**appelons**........ le chien.
Vous ....**appelez**........ le chien.

ind. imparfait :

Elle ....**appelait**........ le chien.
Vous ....**appeliez**........ le chien.

ind. fut. s. :

Tu ....**appelleras**........ le chien.
Ils ....**appelleront**........ le chien.

ind. pas. s. :

Elle ....**appela**........ le chien.
Ils ....**appelèrent**........ le chien.

ind. pas. comp. :

J' ....**ai appelé**........ le chien.
Nous ....**avons appelé**........ le chien.

ind. cond. prés. :

Tu ....**appellerais**........ le chien.
Vous ....**appelleriez**........ le chien.

impératif prés. :

2e pers. sing. : ....**Appelle**........ le chien.
1ère pers. plur. : ....**Appelons**........ le chien.
2e pers. plur. : ....**Appelez**........ le chien.

CORRECTIFS

CORRECTIFS

Brassage des verbes et des temps

11. Accorde le verbe aux temps indiqués.

JETER

ind. présent :

Tu ....**jettes**....... des graines aux oiseaux.
Elle ....**jette**....... des graines aux oiseaux.
Nous ....**jetons**....... des graines aux oiseaux.
Vous ....**jetez**....... des graines aux oiseaux.

ind. imparfait :

Tu ....**jetais**....... des graines aux oiseaux.
Nous ....**jetions**....... des graines aux oiseaux.

ind. fut. s. :

Je ....**jetterai**. des graines aux oiseaux.
Vous ....**jetterez**..... des graines aux oiseaux.

ind. pas. s. :

Elle ....**jeta**....... des graines aux oiseaux.
Elles ....**jetèrent**.... des graines aux oiseaux.

ind. pas. comp. :

Il ....**a jeté**..... des graines aux oiseaux.
Vous ....**avez jeté**.. des graines aux oiseaux.

ind. cond. prés. :

Je ....**jetterais**des graines aux oiseaux.
Nous ....**jetterions** des graines aux oiseaux.

impératif prés. :

2e pers. sing. : ....**Jette**...... des graines aux oiseaux.
1ère pers. plur. : ....**Jetons**des graines aux oiseaux.
2e pers. plur. : ....**Jetez**..... des graines aux oiseaux.

Brassage des verbes et des temps

1. Accorde le verbe aux temps indiqués.

SEMER

ind. présent :

Je ....**sème**....... des radis.
Tu ....**sèmes**....... des radis.
Nous ....**semons**....... des radis.
Vous ....**semez**....... des radis.

ind. imparfait :

Elle ....**semait**....... des radis.
Vous ....**semiez**....... des radis.

ind. fut. s. :

Tu ....**sèmeras**..... des radis.
Vous ....**sèmerez**....... des radis.

ind. pas. s. :

Il ....**sema**....... des radis.
Elles ....**semèrent**..... des radis.

ind. pas. comp. :

J' ....**ai semé**.... des radis.
Vous ....**avez semé**... des radis.

ind. cond. prés. :

Tu ....**sèmerais**....... des radis.
Ils ....**sèmeraient**.. des radis.

impératif prés. :

2e pers. sing. : ....**Sème**....... des radis.
1ère pers. plur. : ....**Semons**....... des radis.
2e pers. plur. : ....**Semez**....... des radis.

CORRECTIFS

Brassage des verbes et des temps

J. Accorde le verbe aux temps indiqués.

AVANCER

ind. présent :
Tu **avances** l'heure de l'horloge.
Nous **avançons** l'heure de l'horloge.
Vous **avancez** l'heure de l'horloge.
Elles **avancent** l'heure de l'horloge.

ind. imparfait :
J' **avançais** l'heure de l'horloge.
Nous **avancions** l'heure de l'horloge.

ind. fut. s. :
Tu **avanceras** l'heure de l'horloge.
Vous **avancerez** l'heure de l'horloge.

ind. pas. s. :
Il **avança** l'heure de l'horloge.
Elles **avancèrent** l'heure de l'horloge.

ind. pas. comp. :
Tu **as avancé** l'heure de l'horloge.
Vous **avez avancé** l'heure de l'horloge.

ind. cond. prés. :
Elle **avancerait** l'heure de l'horloge.
Nous **avancerions** l'heure de l'horloge.

impératif prés. :
2e pers. sing. : **Avance** l'heure de l'horloge.
1ère pers. plur. : **Avançons** l'heure de l'horloge.
2e pers. plur. : **Avancez** l'heure de l'horloge.

© Éditions Je Réussis — 79 — Je Réussis «Conjugaison CE2»

Retrouvez-nous sur :

www.jereussis.be

- Des activités intelligentes
- Des livres à découvrir
- Des pages gratuites à télécharger
- Des conseils, des trucs et astuces

Suivez-nous sur facebook !
Et participez à nos concours !

Dépot légal : D/2014/9685/50 - ISBN : 978-2-87546-218-3 - EAN : 9782875462183

Sous la direction d'A.J. Le Clercq.